戦略的思考の虚妄

なぜ従属国家から抜け出せないのか

東谷 暁
Higashitani Satoshi

筑摩選書

戦略的思考の虚妄　目次

戦略的思考の虚妄

なぜ従属国家から抜け出せないのか

プロローグ——「地政学」と戦略的思考

シリア情勢が急速に悪化し、いわゆる「イスラム国」が版図を広げ、さらにロシアの後押しでクリミアがウクライナから分離してロシアへの帰属を宣言するなど、国境の変更にまでいたる紛争が増えるにつれて、日本では「地政学」を謳《うた》った出版物が増えている。

たとえば、国会図書館サーチを用いて検索してみると、二〇一四年から一六年までの一年半ほどの間に「地政学」のつく出版物は四五点を超えており、地政学ブームと呼んでしかるべき関心の高さを示している。

たしかに、地政学の祖とされるマッキンダー（一八六一－一九四七）の説[1]では、世界の趨勢を決定づける「ハートランド」はウラルを中心に東はシベリア、西は東欧にかけての地域だから、その意味で地政学の復活があってもおかしくはない。事実、アメリカの国際政治学者ズビグニュー・ブレジンスキーなどは、以前よりウクライナを含むハートランドの動向に注目していた。[2]

ハートランドはユーラシア大陸の中央に位置し、北方は北極海にのみ開かれているので、世界を支配するシー・パワー（海洋勢力）に対して、ランド・パワー（大陸勢力）が十分に力を蓄えることができるというのが、マッキンダーの地政学の論理だった。

こうした世界観に依拠しなくても、ウクライナを含む東欧は古来より紛争地だったから、この地で勝利したものが世界全体はともかく、ユーラシア大陸の「半島」であるヨーロッパ世界に睨みを利かせることになるというのは容易に想像がつく。

しかし、日本で論じられている「地政学」は、必ずしも純粋なハートランド論というわけではないし、ナチスの地政学を主導したカール・ハウスホーファー（一八六九―一九四六）の「生存圏」の話でもなく、シー・パワーの制覇を説いたアルフレッド・マハン（一八四〇―一九一四）の「海上権力」論あるいはマリタイム・システム（海洋支配体制）の議論[3]でもないのである。

多くの読者がご存じのように、地政学ブームのなかで論じられているのは、むしろ、外交戦略論であって、急激に変動しつつある世界情勢のなかで、なにがこの世界を動かしていくのか、また、そのなかで日本はどうなっていくのかといった、グランド・ストラテジー（大戦略）に関わる話が多い。

私が現在の地政学ブームから想起したのは、一九八〇年代の戦略論ブームあるいは戦略的思考ブームだった。

その時代に刊行された本のなかには、いまも読み継がれているものがある。たとえば岡崎久彦の『戦略的思考とは何か』[4]（一九八三）や、野中郁次郎氏たちの『失敗の本質』[5]（一九八四）、さらに永井陽之助の『現代と戦略』[6]（一九八五）などは、いまも記憶にとどめている人が多いのではないだろうか。

これらはベストセラーやロングセラーとなった著作であり、そうでなくとも当時の雑誌読者賞を獲得して、多くの読者から支持されたものばかりである。

『戦略的思考とは何か』において岡崎は、日本の外交を戦略的に見直すことを勧めて、アングロ・サクソンと結んだとき日本は安泰だが、他の勢力（たとえばゲルマン）と結んだときには没落すると結論づけていた。

「国際平和はバランス・オブ・パワーで維持されるというのは近代の国際政治思想の一つの固定観念ですが、私は、これが現在の国際情勢にあてはまるかどうか従前から疑問をもっています。……本当に長い平和は、パックス・ロマーナのように圧倒的な力の差があるときだけ存在するようで、戦後のパックス・アメリカーナも同じことだったと思っています」[7]

また、『失敗の本質』では日本軍の組織に焦点を合わせて、ガダルカナル戦、インパール作戦などの「失敗」を指摘し、そこに過去の成功体験から抜け出せない体質や「空気」の支配を見出して、日本の組織、ことに日本企業への教訓とすることを企図していた。

さらに、『現代と戦略』で永井は、戦後の軽武装が正しかったと論じて、蓄積された経済力と技術力によって、「愚者の楽園」といわれながらも戦後日本は生きぬいたのだと論じ、経済と技術による「戦略」があることを強調した。

一九七〇年代にも、ドイツ参謀本部に関する本が刊行され、地政学の入門書がブームになったことはあった[8]が、八〇年代の戦略論ブームは独特の色彩を有していた。いっぽうでアメリカとソ連による東西対立は、ほぼ西側の優位が確定して新しい時代の到来が予感されていた。そして日本は新しい時代において、抜きん出た経済力と工業技術力を背景に、かつてない国際的地位を獲得すると思われていた。

それどころか、かなり多くの論者がアメリカの衰退を確信し、アメリカの次に世界をリードするのは日本だと信じて疑わなかった。アメリカ衰亡論の代表的なものに、国際政治学者・高坂正《こうさかまさ》堯《たか》の『文明が衰亡するとき』[9]（一九八一）があるが、同書はアメリカの衰退を予測しつつ、世界情勢の無常について論じた。また、中谷巌氏のように、アメリカ経済衰退の後に、日本がどこまでその穴を埋めることができるかを真剣に論じた経済学者もいた。[10]

はなはだしい場合には、ジョージ・モデルスキー（一九二六－二〇一四）の覇権サイクル説に依拠しつつ、島国で工業力と文化力のある日本は、アメリカから覇権を引き継ぐだろうと示唆した。ポール・ケネディ（一九四〇－）のオーバー・ストレッチ論（帝国は版図を拡大しすぎて没落する）を振り回して、アメリカ帝国の没落が迫っていると嬉々として論じる人もいた。

先にあげた『戦略的思考とは何か』『失敗の本質』『現代と戦略』のなかで、最もはやくその知的オーラと読者の支持を失ったのは『現代と戦略』だった。一九九〇年一月、東京証券取引所での株価暴落はとどまるところをしらず、二年ほどのあいだに日本経済は暗転して「失われた二〇年」が始まった。

それまで、日本経済の成長に限界などなく、これからも継続して成長していくと思い込んでいた日本人は、日本の世紀が来るという言説に喜んでいたが、その繁栄はバブルにすぎず、しかも没落すると論じられていたアメリカが日本とは異なり回復していくのを目撃して、こんどは日本的なものに激しい嫌悪を抱くようになった。

こうした雰囲気の急転のなかで、日本経済について「悪いところがあるなら、言ってほしいものだ」と胸を張っていた経済評論家は信用を失い、日本的経営は欠陥だらけのものだからアメリカ型コーポレートガバナンスに切り替えようという主張が、いかにももっともらしいものとして受け止められるようになる。

日本の戦後を高く評価していた永井の戦略論も、多くの貴重な考察があったにもかかわらず、あっという間に過去のものとされてしまったのである。

これに対して、『失敗の本質』は日本の組織に特有な過剰適応について批判を展開していたこともあり、むしろ多くの読者を獲得していった。ビジネスで成功するには過去の経験に拘泥せず、それを捨て去る「アンラーニング」を意識的に行わなければならず、「空気」の支配から脱却して合理的な判断をすべきなのだとされた。

こうしたことは、多くの読者に受け入れられたはずなのに、その後、日本企業の業績はなかなか回復しなかった。一九九〇年末ころにはＩＴ革命ブームでやや持ち直したように見えたが、二〇〇八年のリーマン・ショックによって再び冬の時代が訪れ、少し良くなったかと思ったら一一年の東日本大震災によってふたたび苦境を迎えた。

そして、悲しいことに、それから数年たってみると、かつて『失敗の本質』が指摘していた過剰適応が再発していた。「選択と集中」というアメリカ経営学の概念によって、特定の製造ラインへの過剰投資が繰り返され、空気の支配が損失の先送りを行う「クリエイティブ・アカウンティング（創造的会計）」の濫用を引き起こして、有名大企業を破綻や危機に追いやっているのである。

ほとんど無傷のまま生き残っているのは『戦略的思考とは何か』ということになるが、主張していたアングロ・サクソン（事実上のアメリカ）との親密な連携だけに傾斜することが、はたして日本の将来のためになるのか否かに疑問符が付き始めている。

すでに敗戦から七十年余になるというのに、アメリカ軍がいまも駐屯を続け、しかもその水増しされた費用を日本が払い続けるよう要求されているだけでなく、政治や経済における決定の独立性も極めてあやしくなっているのである。

東アジアにおいても絶対的なパワーを誇っていたアメリカの軍事力や経済力も、中国の急伸のためにしばしば霞む瞬間も見られるようになってきた。もとより、中国が日本に好意的であるわけはないのだが、なかには中国の未来にかけたほうがいいと言い出す政治家や経済人も目につくようになった。

では、アメリカ本国ではどうかといえば、以前より論じられていた東アジア撤退論がいよいよ強まって、いまや東アジアに展開している空母はたった一隻に減らされた。アメリカの公的な言い分はともかく、客観的にみれば、中国との対峙を運命づけられた日本の安全保障は、実はすでに危うくなっていると疑われる状態に至っている。

岡崎久彦は晩年の著作で、「アメリカの動向をつねに的確に把握していれば、国民の自由と安全と繁栄とを永く維持できる」との言葉を書き残して[11]亡くなったが、残された日本人にとっては、冷戦が終わった時期からはなはだしく縮小した経済力をかかえて不安が募るばかりである。

日本においては戦略論とか戦略的思考という言葉が流行し、さらに最近は、かつてナチスに採用されたためにタブー視された地政学という言葉すら隆盛をきわめているのだが、日本政府の戦略や外交における力量は少しも拡大していないし、日本国民に戦略的思考が浸透したとも思えない。それはいったい、なぜなのだろうか。

おそらくそれは、戦略とか戦略的思考という言葉に触れても、多くの誤解を残したまま受容した気になったり、何らかの欠落があるのに十全な理解をしたような気分になって、これらの言葉を振り回してきたからではないだろうか。

もちろん、いくつかの本が誤読されたとか勘違いされたという問題を超えて、そこには戦後日本人が最初から誤読してしまうような、あるいは勝手に勘違いしてしまうような理由が潜んでいる可能性もある。

いや、それ以前に、これらの本が戦略とか戦略的思考という言葉を使っていながら、実際には戦略でも戦略的思考でもなかったということもあり得るのである。そしてまた、戦略的思考に代わっていま人口に膾炙している地政学についても、そのご都合主義的な使い方には疑問を感じざるをえない。

本書では、まず、多くの読者を獲得した一九八〇年代のベストセラーを手がかりに、その内容を検討すると同時に、刊行された当時の時代を詳細に振り返ってみたい。そうすることで、戦略的思考を語り、地政学を口にしながら、日本では政治から経済、はては日常の言動に至るまで、戦略思想がまったく活かされていないのはなぜか、どうすればこの状況を変えられるのか、ひとつずつ考えていきたいと思う。

第一章

閉じられた思考の円環

「アメリカ帝国に乗っていればいい」

二〇〇一年九月一一日のニューヨークにおける同時多発テロは、それまでの世界を考える前提を一瞬にして破壊してしまったような事件だった。

一〇年前の湾岸戦争の勝利は、アメリカによる世界の一極支配を約束するものと論じる者が少なくなかった。ニューヨーク証券取引所やシリコン・バレーを賑わしていたIT（情報通信）バブルはすでに破裂していたが、電子通信技術による革命が新しい豊かな世界を実現するような錯覚にひたっていた。

ビン・ラディンのアルカーイダによる一撃は、そうした根拠のない幻想も熱狂もあっという間に消滅させてしまうだけの力はあった。続いて引き起こされたアフガン戦争とイラク戦争は、テクノロジーが生み出すとされたきらびやかな原色の光景から、陰惨でくすんだ茶色の戦場へと世界を引きずり込むことになる。

やがて日本でも戦争への賛否が論じられたが、首謀者とされるビン・ラディンをかくまったタリバン政権を叩くアフガン戦争と比べて、ありもしない大量破壊兵器の存在を根拠に開始されたイラク戦争は、たとえアメリカとの同盟関係にある日本にとっても、単純に支持するわけにはいかないものだった。

ところが、保守派の外交論を主導してきた岡崎久彦は、アメリカのイラク戦争を積極的に支持したただけでなく、アメリカを「アメリカ帝国」と呼んで、イラク戦争への懐疑論者を激しく批判した。

雑誌『Voice』二〇〇二年一〇月号の日下公人《くさかきみんど》氏との対談[1]に登場した岡崎によれば、アメリカは冷戦に勝利して以来、他の国に対して圧倒的優位に立ち、「独り勝ち」の状態にある。「冷戦が終わったいま、アメリカの防衛予算は三・五パーセントにすぎない。こんな安い値段で世界帝国を維持できるのは驚嘆すべきこと」であり、かつて『大国の興亡』でアメリカは軍事費の重圧で衰退すると述べたポール・ケネディ[2]ですらも考えを変えたという。

しかも、「他の国が軍事に力を入れて連合を組み、アメリカの対抗勢力になることは考えられ」ないのであり、「いちばん怖いのは日独中露の四国が組むこと」だが、「その可能性はゼロ」に等しい。

したがって、「おせっかいな是非善悪の論をいっても、何の影響力もないし、日本国民のために得になることは何もないから、余計なことはしない」というのが、戦略家・岡崎の判断だというのである。

「パックス・ロマーナの最盛期は百六十年です。アメリカが独り勝ちになったのは二十世紀の終わりですから、ローマにならえばあと一世紀は続くでしょう。最低でも五十年は続くと私は見ています。ですから、攻勢終末点はなかなか来ません。いまは〝アメリカ帝国〟に乗っかっていればいいのです[3]」

アメリカは現代のローマ帝国なのか

すでにイラク戦争は、ブッシュ政権によって着々と実行されようとしていた。アメリカはもとより、日本においても「支持か反対か」の議論は熱気を帯び、それまで同じ「保守派」を自ら任じてきた論者たちの間にも亀裂が走った。しかし、それにしても岡崎の論理はあまりにも単純といえば単純なものだった。

岡崎は先の対談の中盤で「『フォーリン・アフェアーズ』最新号の巻頭論文」に言及しているが、これは同誌二〇〇二年七‐八月号に掲載されたスティーヴン・ブルックスとウィリアム・ウォールフォースによる「アメリカの覇権という現実を直視せよ」のことであり、二人の著者は次のように論じていた。

「特にアメリカの軍事力の質的優位は際立っている。……しかもアメリカは、こうした傑出した優位を国内総生産（GDP）の三・五％程度の国防費で実現している。歴史家のポール・ケネディが指摘するように、『莫大なコストを払ってナンバーワンになるのならいざしらず、無理なコスト負担もせずに唯一の超大国になれたのは驚くべきことだ』[4]」

対談における岡崎の口から出る数値や根拠がこの論文からのものだったので、私は情報収集に優れた岡崎にしては、ずいぶんと安易ではないかと思いつつ対談を読んだ。ブルックスとウォールフォースは、『フォーリン・アフェアーズ』の一九九九年三‐四月号に掲載されたサミュエル・ハンチントンの「孤独な超大国」[5]に反論するかたちで議論を進めていた。

サミュエル・ハンチントンは「アメリカには単極世界を形づくる力はない」のだから、ローマ帝国や中国帝国のように単極世界の支配者として振る舞うべきではないと主張し、「唯一の超大国という立場を利用し、その資源を用いてみずからの国益に合致する方向でグローバルな問題への対応に必要とされる他国の協調を引き出す」べきだと論じた。

これに対してブルックスとウォールフォースは「現在のアメリカが持つ、他国に対する圧倒的な優位をもってしても、それが単極構造でないというのなら、今後、単極構造が現実となることはない」と反論した。つまり、いまやアメリカは、ハンチントンが例示したローマ帝国のような単極構造を達成したというのである。

こうした議論は、アフガン戦争とイラン戦争が続くなかで圧倒的な説得力をもっていると思われた。薄っぺらなロバート・ケーガンの『ネオコンの論理』[6]が、まるで予言の書であるかのように読まれ、日本でも翻訳された。しかし、こうした鬱陶しい雰囲気はイラク戦争後にイラクに大量破壊兵器が発見されなかったのを機に急速にしぼんでいった。

このアメリカ帝国論のバブルは日本でも急速に膨張して、渡部昇一氏などは「アメリカ幕府」ができたと主張し[7]、文芸評論家の福田和也氏などもケーガンを解説し、また、ジョン・キーガンの『戦略の歴史』[8]によりながら、アメリカの戦争はローマの戦争と似ていると示唆した。[9]

しかし、アメリカはイラクを支配したが、ネオコンが論じたように、この地に民主主義を確立することはできず、アメリカが世界を単極で支配するという予言は消滅していった。

大きく変わった小村寿太郎の評価

実は、岡崎が一九八三年に『戦略的思考とは何か』を刊行したとき、私は飛びつくようにして購入して読んだ者の一人だった。八〇年に刊行された『国家と情報』を、かなりの衝撃を受けて読んでいたせいだったろう。

『国家と情報』では、外務省で「情報」を担当した経験もまじえて、外交における情報収集というものが、いかに重要な仕事であるかを論じていた。すでに日本でも、戦略とか情報という言葉が、まるで新しいキーワードであるかのように使われつつあった。

「日本の対外政策は、まず日本の国家理想と国益を決定し、それを実施するための政策を押し進めるというのでなく、まず、国際情勢の動向を察知して、その流れに乗りながら、その流れの限られた範囲で、国家理想の実現を追求し、あるいは国益の伸長をはかるということです。その意味で情報判断と見通しは、政策に先行します[10]」

『国家と情報』を刊行したとき、岡崎は防衛庁に出向して際関係担当参事官国を務め、八二年から官房調査企画部長となり、八四年には初代の情報調査局長に就任している。右の引用文に見て取れる姿勢は、いかにも情報畑の外交官が口にしそうな議論だが、最初に読んだときにはリアリズムの戦略論のように思えた。

同書でいまも覚えているのは、アングロ・サクソン勢力との同盟を論じたくだりで、日露戦争当時の外務大臣・小村寿太郎の「小村意見書」を取り上げて日英同盟の推進を高く評価し、さらに意見書の末尾を引用していたことだ。

「尤《もっと》モ英ノ国勢ハ既ニ全盛時代ヲ経過シ多少衰頽ニ傾ケル観ナキニアラス故ニ同国トノ協約ハ一定ノ期限ヲ設置スルヲ以テ得策ト信ス[11]」

このとき岡崎は、この文言について「これもまた驚くべき稠密さ、周到さと言うべきでしょう」とコメントしている。きわめて印象的なコメントで、小村に対する称賛と受け取ってもおかしくないだろう。

ところが、三年後の『戦略的思考とは何か』においては、すでに小村の評価は後退して、その思想や言動に疑念を呈する文章があらわれるようになっていた。

「小村という人には虚像があります。国家のために恥をしのんで北樺太と償金を放棄し、黙々と国民の避難に堪えたという虚像です。事実はこれに反して、もう戦争は続けられないと言ったのは山県有朋や大山巌などの軍関係者で、小村は、もう一度ロシア軍に打撃を与えろと言っています[12]」

岡崎は「小村の真骨頂はむしろ国権主義に徹した明治の第二世代の代表であるところ」だと述べつつ、この本では「この国権主義意識があったからこそ、日英同盟、日露戦争に際して誤りのない判断を下せた」と評価し、満鉄の権益を分与しろとの米ハリマン提案を蹴って、「米国の参加を排除したあとの満洲経営も」「帝国主義時代としての合理性のある政策」だったと評価していた。

ところが、一八年後の一九九八年に刊行した『小村寿太郎とその時代』になると、当時としては合理性のある政策とされた米ハリマン提案（満鉄の共同経営）阻止についても、第二次世界大戦における敗北の遠因となっていたとして否定的評価を下している。「いまとなってみれば、日本としては、ハリマン提案を受諾しておくことが正解であり、小村の術策は、国の大きな運命を誤ったというべきであろう」[13]

この問題についての岡崎の小村に対する否定的評価はしだいに激しさを加速させていくのだが、右書の締めくくりの部分においても次のようにダメ押しをしている。

「小村外交の功罪は、そのまま敗戦に至る日本帝国の歩みの功罪につながる。つまり、国際協調、もっと端的にいえばアングロ・アメリカン世界との協調に日本を委ねることなく、日本独自の外交を貫き、アジアでは朝鮮半島を越えて大陸奥深く日本の排他的勢力を拡張しようとした国家戦略の是非である」[14]

しかし、はたしてハリマン提案をやすやすと受け入れることが、条約締結を含めて日露戦争を戦い抜いた小村寿太郎という人間および日本に可能だったのだろうか。また、帝国主義的性格を持っていたアメリカ（岡崎はアメリカが帝国主義的だったのはセオドア・ルーズベルトの時代だけだと思い込んでいたようである）の攻勢を、この国に「委ねる」といった消極的な外交によって回避し、相対的な独立を維持できただろうか。

ソ連の崩壊と地政学的状況

史記やツキジデスなどに始まる古来の歴史書に親しみ、外交や国家戦略というものの熾烈さを知っていながら、ハリマン提案を阻んだ小村への岡崎の評価は、あまりにも単純というべきであろう。岡崎による小村への評価は、太平洋戦争における敗北から「逆算」したような傾向があまりにも強い。

岡崎は小村がハリマン提案の代わりにモルガン財閥から融資を引き出したことを知っていた。また、日韓併合については「日露戦争の成果をむざむざ捨てることは考えられないことであった」と述べて、おおむね併合を肯定している。にもかかわらず、小村がハリマン提案を蹴ったことを、日本が太平洋戦争で敗北した原因として繰り返し批判しているのである。

冷戦が終わろうとしていたとき、岡崎が取り組んでいたのは、日本の未来にとっての教訓を歴史のなかに読み取ろうとすることだった。『文藝春秋』に連載した「繁栄と衰退と――オランダ史に日本が見える」が最終回を迎えたとき、イラクのクウェート侵攻が起こった。

私はこの連載を読んだとき、岡崎はオランダのように傭兵に頼るような軍事戦略では国を危うくするから独自の国軍を持てといっているのだと思い込んでいた。もちろん、そういう意図もないわけではないが、いま読み返すと、日本の繁栄はアメリカの嫉妬を買うにいたっており、それは日本の将来にとって危険だという警告が最大の眼目であったことがわかる。その傾向のほうがはるかに強いのである。

「近代史の上で日本国民が真に安全と繁栄と自由を享受したのは、日英同盟の二十年間と日米安保条約の四十年間である。

ユーラシア大陸のまん中から太平洋に向って進出しようとするロシアの圧力に対抗して、日本の安全を守るためにも、また資源に乏しく通商によってしか活きる路のない日本の繁栄を維持するためにも、そしてその安全と繁栄の自然の帰結として自由とデモクラシーを謳歌するためにも、日本は海洋を支配するアングロ・アメリカン世界と協調していくほかはない、というのが開国以来の日本の宿命である。

それはまた、オランダ史の宿命とも似ている。オランダにとって絶対に戦争してはいけない国は英国だった。また、戦う政治的な必然はどこにもなかった。ただ自己中心の経済利益にだけ専念して、この基本的な地政学的構造を見失ったために破滅的な打撃を受けたのである。一九三〇年代の日本も、日本を取りまく基本的な地政学的構造を見失って破滅的な誤りを犯したのである」[15]

ここには、ハートランドを支配するランド・パワーであるソ連に対して、日本はシー・パワーであるアングロ・サクソンつまりアメリカと協調すべきだというマッキンダー的な「地政学」による枠組みと、経済的な繁栄によって大国に嫉妬されたときには滅亡に至るというオランダの

「宿命」がいくぶん感情的に論じられている。

しかし、この「最終回」を書いているときには、もうひとつ大きな「地政学」的な変化が生じていた。ソ連の崩壊という事件である。ベルリンの壁が民衆によって破壊されたのは一九八九年一一月だったが、奇妙なことにこの連載にはソ連の崩壊が反映されていないし、九一年五月に書かれた追記にもまったく触れられていない。

ただ、最終回のなかに次のような記述があるだけである。

「冷戦が終りつつあり、将来の新しい世界秩序に向かって模索が始められている現在、理論的にはアメリカ外交の選択の幅はもっと広くなっている。それがソ連である可能性すら排除出来ない。その場合、理論よりも、誰がアメリカ人と肩を並べて汗を流し、生命の危険を冒しているのかが、信頼出来る同盟国かどうかの尺度となろう」[16]

もちろん、その後成立した「エリツィンのロシア」はアメリカとの関係を重視して、クレムリンに出入りしたオリガーキ(新興成金)たちはロシアの石油をアメリカ企業と組んで安く叩き売った。それはプーチンの台頭まで続いた。

しかし、ソ連は一九九一年一二月には崩壊していた。あまりに急速な事態の進展に、岡崎といえども把捉できなかったという可能性はある。そしてまた、このランド・パワーの一時的後退は、日本にとって、湾岸戦争よりももっと大きな「地政学」的な意味を持っていたはずである。

冷戦が終わってもアメリカは絶対なのか

しかし、その後も岡崎は『戦略的思考とは何か』で強引に作りあげた構図を疑うことはなかった。むしろ、強化されていったのだが、それがソ連の崩壊という「ハートランド」の後退をへても同じだったという点がひどく奇妙に思えるのである。

すでに形勢は決していたと考えていた米ソ対立が急速に崩壊していくなかでも岡崎は慎重だった。『国際情勢の見方』に収められた一九九〇年三月の文章においても、岡崎はズビグニュー・ブレジンスキーの「いまの状況はヨーロッパにおける一八四八年の革命と似ている」という洞察を称賛しながらも全面的に支持しようとはしなかった。

「今の時点で、私が勇気を以って言わねばならない事は、あと一年ぐらい様子を見ないとわからない、ということである[17]」

そう語って、一八四八年の革命もヨーロッパに波及したが、「二、三年のうちに、軍の介入などで、ほとんどすべて反動化している」と論じているのだから、ブレジンスキーを褒めているのか貶《けな》しているのか分からないほどだ。

おそらく、岡崎はそれまで自分が前提としていた地政学的な構図が意外にも急速に崩れていくことに動揺していたのだろう。すでに述べたように、一九八三年の『戦略的思考とは何か』においては次のように述べていたのだ。

「簡単に要約しますと、力の実体といえばアングロ・サクソンとロシアしかない、という極東の力の構造を見失いさえしなければ、情勢判断の大局を見誤ることはまずないということであり、これを見失わせるような陥し穴にはまってはいけないということです[18]」

しかし、一九九一年一二月には次のように言わざるを得なかった。

「ポール・ケネディが『大国の興亡』で、帝国のオーバー・エクステンションは衰亡の原因となると主張したのに対して、ジーン・カークパトリックが、それならばソ連の方がひどいはずだ、と指摘した時点で、ソ連はまさに破産していたのである[19]」

もうこのとき、「力の実体といえばアングロ・サクソンとロシアしかない」という、まさに岡崎のいう地政学的な構図が崩れることは予想してよかったはずだ。そしてその後に来るであろう多極化を認めるべきではなかったか。

しかし、岡崎はそれまでこの「多極化」は間違いなのだと事あるごとに主張していた。実は、アングロ・サクソンもしくはアメリカとロシアという二極しかないのに、それを多極化というのは欺瞞だという立場だった。

「私があえてこの言葉を避けているのは、それが国際情勢の力関係の基本である米ソの二極構造が変ったような幻想を抱かせ、その結果、日本の国家戦略において、アングロ・サクソンとの同盟以外の選択の余地が生じたような錯覚を与えることがこわいからです[20]」

こんどは米中対立が対米協調の根拠に

もちろん、こうした論陣を張っていた岡崎といえども、ソ連の崩壊という巨大な歴史的事実は認めざるをえなかった。それでは、多極化への移行をみとめて議論を変えたのだろうか。

世界観においても硬直したマッキンダー的な地政学から、柔軟な多極論へと変化しただろうか。そうではなかった。岡崎は中国という新たな「アメリカへの挑戦者」を見出して、それまでと同じような擬似地政学を説いたのである。

『戦略的思考とは何か』からほぼ二〇年後に刊行された『二十一世紀をいかに生き抜くか』を読んでみよう。

「二十一世紀の国際政治の最大の問題は中国の興隆であり、それに対する覇権国である米国の対応から来る米中関係、そしてそのなかにおける日米関係を見極めればよいということであり、おそらくそれが正しいのであろう。中東では紛争は続こうが、それは主として米国の責任であり、日本はその都度それに対する二次的な対応ぶりを考えればよい[21]」

ソ連が崩壊してロシアが軍事的には巨大でもアメリカの対抗馬にはなり得なくなってから、中国が世界の工場および市場となって経済力を蓄え、ついには無視できない軍事大国となるまで、岡崎は台湾を守れと主張し、日本は集団的自衛権を行使せよと論じ続けた。

そのことは間違いではなかったかもしれない。中国は積極的に勢力を拡大し、南沙諸島に人工島を作りあげることでアメリカとの摩擦を強め、また、尖閣諸島の領有をめぐって日本とするどく対立するようになった。

しかし、こうした経緯を認めてもなお、日本の外交および大戦略においてすべきことは「アメリカ帝国に乗っかればいい」ということだったのであり、それはあまりにも硬直した思考だったといわざるを得ない。

そもそも、中国の存在をこれほど重視せざるを得ないこと自体が、あれほど強調していた「力の実体といえばアングロ・サクソンとロシアしかない」という認識が大きく間違っていたことを証明しているではないか。これはもう、未来というものは誰にも予測できないというレベルの問題ではなく、そもそも、岡崎戦略論の思考法がおかしかったということにほかならないのではないのか。

「九〇年代、東シナ海における中国の海空軍などは、自衛隊の海空軍にとって鎧袖一触《がいしゅういっしょく》という状況だった。当時私はTVの番組で、『東シナ海で日中が衝突すれば、時間の問題で中国側の海空軍は全滅する。日本は眠れる獅子なのだから、挑発的行為は控えるように』と、中国側に警告したことがあった。しかし、もういまはいずれが優勢か、やってみなければ分からないというきわどいバランスになってきている。そして、そのバランスも年々中国側に傾きつつある」[22]

勢力均衡による外交こそ有効だ

岡崎が晩年に『文藝春秋』二〇一四年七月号に寄稿した「尖閣激突　中国航空戦力が日米を上回る日」についていえば、その指摘の深刻さや正当性は認めつつも、岡崎が主張してきた「力の実体といえばアングロ・サクソンとロシアしかない」という地政学的な知見がまったく間違っていたことを示す証左といわざるをえない。

「第四世代機数は、二〇〇五年には追い付かれ、今は中国の機数は日本のおよそ倍になっている。F－4は本来、第三世代機であるが、日本側は、現在までの改修と訓練とによって、中国の第四世代機に対抗する戦闘力を持っていると考えている。しかし、F－4を足しても、二〇〇八年には追い越されている。

それに在日米軍の第四世代機を足しても、二〇一三年には追い付かれている。そこで、何時も日本周辺に居るとは限らないが、第七艦隊の保有機数を足すと、やっとトントン、それでもF－4を引けばもう追い越されている。中国の軍備拡張の増勢を見ると、全てを足しても明らかな劣勢となる時期は、指を数えて待つばかりとなっている」[23]

この論文が発表された後に、中国軍など本当は弱いのであって、中国製の戦闘機はアメリカ製の戦闘機を前にすればあっという間に撃墜されるのだと論じる本が刊行されて盛んに読まれた。[24]ところが、そのアメリカ製の戦闘機とは、日本が保有していないF－22だというのだから呆れた。

それは単にアメリカが中国を叩いてくれるという願望であって、尖閣をめぐる深刻な事態に変化はなく、何の慰めにもならない。

また、自称保守派の人物が「岡崎さんはアメリカの意図を汲んで、日本に油断させないようにこの論文を書いたのだろう」などと述べていた。もしそうだとすれば、あまりにアメリカの意図どおりに言論活動を行っていたことになるが、この点について私は、アメリカはそれほど岡崎に期待していなかったのではないかと考えている。

すでに指摘したように、岡崎は日本での多極化論を嫌っていたが、それは「日本の国家戦略において、アングロ・サクソンとの同盟以外の選択の余地が生じたような錯覚を与えることがこわいから」だった。しかし、岡崎が前提としていた「国際情勢の力関係の基本である米ソの二極構造」が変化したのだから、岡崎は二極論を再検討すべきだったのである。

実は、前出の『二十一世紀をいかに生き抜くか』という本は、もともとキッシンジャーの『外交』を解説した講義が元になっている。岡崎はキッシンジャーを高く評価していたが、いうまでもなくキッシンジャーは勢力均衡論の代表的人物である。

岡崎がもし覇権国家論を保持しつつ『外交』を論じるならば批判がなければおかしく、少なくとも自分と『外交』との折り合いについて触れるのが自然だろう。しかし、岡崎はそうしていないし、同書も後半になるとキッシンジャーはあまり関係のないものとなっていく。

ただし、先に引用した九〇年代の中国海空軍力を論じるところで、「バランス・オブ・パワーは刻々移り変わるものである」と言い出すのは注意を要する。そして、このバランス・オブ・パワーからみて、日米安保がどうあるべきかを次のように論じているのである。

「軍事のバランス・オブ・パワーは刻々変わる。そして国家の外交政策もそれに応じてつねに見直されなければならない。

二十世紀初頭、東アジアのバランス・オブ・パワーを、英国が従来の名誉ある孤立から脱して日本を計算に入れざるを得なくなったように、やがては中国の軍事力増大に対して、アメリカも、より実効的な日米同盟——具体的には集団的自衛権の行使の上に立つ同盟関係——に対する依存度がますます増すという状況になることが予想される」[25]

つまりは、外交を判断するさいの基準はバランス・オブ・パワーだということであり、岡崎がかつて論じていた「力の実体といえばアングロ・サクソンとロシアしかない」は事実上間違っていたことを認めていることになるのではないだろうか。

岡崎の「戦略的思考」は米国依存の勧め

こうして見てくれば、外務省時代から岡崎が延々と外交と戦略を論じてきたのは、ともかく日本はアメリカの庇護の下から離れるなという主張であり、そのことを日本人に言いたかったということに尽きるのである。

冷戦期に戦略を論じるさいにはバランス・オブ・パワーではなく覇権国家遷移論で論じるべき

だといい、地政学的にみればアングロ・サクソンとロシアだけが考えるべきパワーの実体だと繰り返す。ソ連が予想外にはやく崩壊してしまい中国が台頭すると、外交とはバランス・オブ・パワーで考えるべきであり、中国との軍事バランスが悪くなってきたから、アングロ・サクソンつまりアメリカへの依存で成り立っていることを忘れるなという。

これでは覇権国家遷移論もバランス・オブ・パワーも地政学も、すべて日本がアメリカに依存すべきことを説明するために都合よく使われているだけで、まったく理論的な整合性はなく、ある一つの理論を信頼してそれに依拠するわけですらないのである。

ここで念のために述べておくが、すでに亡くなった外交評論家で戦略家の岡崎久彦について私が延々と述べてきたのは、ただ単に岡崎の対アメリカ協調論を批判するためではない。むしろ、いま振り返ってみれば岡崎の論じていたことはある意味で一貫しており、勇ましいことを述べつつも肝心なときに変節する政治学者などはその風上にも置けないといえる。

章を追って明らかにしていくつもりだが、日本の政治学者や軍事専門家あるいは経営学者たちが論じた「外交論」や「戦略論」は、そのほとんどが時代の返還とともに破綻してしまったといってよい。その多くは一九八〇年代という、特殊な時代の雰囲気を反映していたにすぎなかったといわざるをえない。

それに比べれば岡崎の議論には、アメリカへの一方的な思い入れという偏狭さはあったが、一貫性という点については際立っていた。一九八〇年代における主張と二〇一〇年代における主張とが、結論においてまったく変わらないというのは、いまの日本の外交環境および戦略状況を考えれば驚嘆すべきものといってもよい。

しかし、それはすでに述べてきたように、初めにアメリカとの協調ありきであって、切れ味のよい文章と明晰な理論的構成にもかかわらず、結論にたどりつくためには何でも使うという「犠牲」を払ってのことだった。それほど岡崎は、日本および日本人の世論やアカデミズムを信用しておらず、おそらくはアメリカをも本当は信じていなかったのではないか。

最近は言論誌も衰退の一途をたどっているから少しも不思議ではないが、かつてはあれほど「戦略的思考」だの「岡崎理論」だのと持ち上げたメディアや同業者が、岡崎が逝去したさいに特集を組むことがなかったどころか、その業績をたたえるまともな追悼文すら皆無に等しいというのはいったいどうしたことだろうか。

私はすでに二〇〇二年の時点で、拙いながらも岡崎久彦という戦略家に対して疑問を呈する文章を発表している[26]ので、業績をたたえても草葉の陰の岡崎は迷惑だろうが、あれほど頼りにしていたはずの政治学者や評論家は、なぜ恩人に哀悼の意を表さなかったのだろうか。

これも推測すれば、そういう論者たちにとって岡崎は煙たい存在だったのではないか。この戦略家は対談で相手をやり込めることが多かったが、どのみち「従属国家」だから適当に論じておけばいいと思う者にとって、真面目に戦略を論じようとする岡崎は鬱陶しかったのかもしれない。

「永久の同盟国などない」は大国の特権か

もうすこし岡崎の論法について確認しておきたい。私はある時期、外務省で岡崎の部下だった孫崎享氏についても注目して読んでいた時期があったが、『中央公論』で岡崎と対談したさいに、[27]戦略論として反論できない様子をみて読むのをやめてしまった。孫崎氏によれば思想的にはまったく異なるにもかかわらず、情報収集の能力があったことで岡崎の覚えはよく、思想ゆえに左遷されそうになったときも庇《かば》ってくれたとのことである。

そんな内情に属することすら自著に書いていたのだから、孫崎氏は岡崎のアメリカに対する過剰な思い入れを論破すべきだった。それがまさに恩返しというものだったろう。ところが、議論をするなかで岡崎が「日米同盟を米英同盟に近づける」と論じて戦略論を語ろうとしたところ、「（日本には）戦略の問題を考えられる人材が現在の中枢部にいない」と述べて、正面から反論するのをやめてしまうのである。

この「日米同盟が大事っていうことさえわかっていれば、それでいいんだ」という台詞は岡崎の論争におけるテクニックのひとつで、ある対談でも「アメリカを批判するやつは私がたたいてやる」などと、怜悧で冷静な論理が売り物の岡崎とは思えないような汚いセリフを吐いていた。まるでアメリカを自分が代表するかのような（その実、岡崎と親しかったのはネオコンのグループくらいだったが）言い方にウンザリした対談者は多かったはずである。

こうした子供のケンカとしか思えないような威嚇的な論法は、英国の政治家パーマーストンの「われわれには永久の同盟国も永久の敵もない」という言葉についても発揮された。ある政治学者がこの言葉を引用しているのを見て、どういうわけか岡崎は腹に据えかねたらしい。何度かそのことを公言し書いているが、ここでは『二十一世紀をいかに生き抜くか』から引いておこう。

「最近、日本の安保論争において、日米同盟の重要性を認めつつも、留保としてこの言葉が引用されているのに気がついたが、それは明らかに半可通《はんかつう》の間違いである[28]」

この言葉とはパーマーストンの言葉のことであり、安保論争において留保として引用したのは、おそらく京都大学教授（当時）の中西輝政氏と思われる。中西氏もまたこの言葉を外交の真髄として認識していたのだろう。それは岡崎が、小村寿太郎の「同国トノ協約ハ一定ノ期限ヲ設置スルヲ以テ得策ト信ス」を引いた意図とそれほどの違いはない。

ところが、岡崎はさらに次のようにダメ押しをしている。

「それは圧倒的優勢な海軍力をもつ英国の側からいうことであって、七年戦争のときのプロシアにとって、また第一次大戦のフランスにとっては、英国との同盟は命綱であり、その信頼性に軽々しく疑念を表することなどはできなかった。それは戦後の世界における日本と同じことであり、現在の日本がパーマーストンを引用して、日本の側から日本の命綱である日米同盟の信頼性を危うくするようなことをいうのはおこがましい[29]」

これなど、まったくムキになっているとしかいいようがないが、実は、孫崎氏に投げかけられた問いへの答えも、中西氏がおこがましいか否かの答えも、岡崎自身がちゃんと書いている。「開国以来現在に至る国際関係において、島国である日本にとって死活的に重要なのは、七つの海を支配しているアングロ・サクソン世界と良好な関係を保つことにあるという逃れられない事実である。

永遠の真理かといえば、そんなことはない[30]」

これから二〇年を前提に論じる

それでは、永遠でないとすればどれほどの時間を見込んで戦略を考えればいいのだろうか。この点についても、岡崎は一貫して繰り返し同じ答えを提示している。

「国際情勢を論じる以上、長くて二十年間の将来の情勢予測をするのが本筋である[31]」

意外に短い時間を念頭においていたものだと、驚く読者もいるに違いない。しかし、人間にはまさにケインズが述べたように「未来予測については、われわれには薄明かりしか与えられていない[32]」のである。

たとえば、マッキンダーの地政学が再び復活しているようだが、地理学を基盤に理論を構築した彼の地政学では、おそらくどんなに短く考えても百年あるいは数百年のタイムスパンで見とおさなければ、本当は見えてこない現象が多い。しかし、それでは外交に地政学を応用するには不確実性とリスクが大きすぎる。

その意味で、国際情勢については二〇年間で予測をすると岡崎が述べたのは理解できる。しかも、岡崎は「二十年間」とした『二十一世紀をいかに生き抜くか』より二〇年前に刊行した『戦略的思考とは何か』においても、次のように語っていた。

「日米の戦略協議は、今後は日本外交の基本的課題となるのではないでしょうか。これは、狭義の日本の防衛の必要から生じてくるものだけでなく、より長期的に、今後二十年、三十年にわたる日本の対外路線の決定にかかわる問題と思います[33]」

そして、岡崎は「力の実体といえばアングロ・サクソンとロシアしかない」という認識から、アメリカとの協調と日米安保の保持を二〇年、三〇年の戦略として論じた。その結果はどうだったろうか。再び『二十一世紀をいかに生き抜くか』を開いてみよう。

「もう一度冷戦の終わりに立ち戻って考えてみよう。

まず、ほっと一息ついたのは、冷戦終了後の十年間を日本が無事生き延びたことである。あのころ私は、日本にとってまず一番大事なことは、世界の歴史の前例から見て、天下統一のあと二、三十年間、世界の主流から淘汰されずに生き延びることだと考えた[34]」

これだけを読めば、日本は冷戦を勝ち抜き、その後も生き延びることを、岡崎は予測できたかのように思える。しかし、実は、その間、ソ連が崩壊してアングロ・サクソンとロシアの対立という構図は後退し、アメリカと中国の対立という構図に入れ替わってしまっている。そのことが起こったのは、たかだか二〇年の間にすぎなかったが、岡崎の該博な知識と情報収集力によってもまったく予測できなかったのである。

戦略的思考というものが人間の予測能力に多くを負うとすれば、おそらく二〇年という年月は長すぎるのだが、世界情勢という視界においては、二〇年というのはそれこそ一瞬といってもよい。ここに「戦略的思考」の根本的なむずかしさがある。[35]

第二章

経済と技術は戦略を超えるのか

永井陽之助は「変節」したのか

一九六七年に『平和の代償』を刊行して、日本では数少ない「リアリスト」の政治学者として知られた永井陽之助が、『文藝春秋』一九八四年一月号から一二月号まで連載した「現代と戦略」（同タイトルで翌年三月に単行本として刊行）は、戦後日本の軽武装と経済重視を全面的に肯定したものだったので、永井をリアリストだと思っていた人に衝撃を与えた。

「こんにち、多くの西側国民から、『愚者の楽園』といわれようとも、われわれは、四十年にわたる激動の冷戦を生きぬき、西側世界の『戦略予備軍』として利用可能な高度の工業＝技術能力をきずきあげてしまった。この戦略予備力をいかなる方向に使用するかの戦略的決定にこそ、世界の将来がかかっているといって過言ではない」[1]

冒頭の「I　防衛論争の座標軸」は、前章でとりあげた岡崎久彦を「軍事的リアリスト」として批判し、自らの立場を「政治的リアリスト」として位置づけつつ、戦後日本が達成した経済力および技術力が「抑止力」として機能していることを論じた。

この座標軸は、縦軸に「同盟」か「自立」かを置き、横軸に「福祉」か「軍事」かを配して、「同盟」かつ「軍事」の第一象限Bを「軍事的リアリスト」と呼び、岡崎をここに位置づけ、「同盟」かつ「福祉」の第二象限Aの「政治的リアリスト」を自分の立場であるとし、そこから岡崎などの軍事的アナリストの議論を激しく批判した。

「とうぜん考慮しなければならないものは、国家の意思、意図、世論の動向、意思決定過程などの複雑な政治的要因である。ところが、岡崎氏は、抑止でも防衛でも、『現有兵力』(forces in being)の規模、稼動率、その力のバランスのみに関心を集中し、その兵力動員、配備に要する『時間』の要素や、ソ連本土の中心部に備蓄された工業能力の要素などに注意をはらっていない」[2]

ちなみに、座標軸において「福祉」かつ「自立」の第三象限Cは「非武装中立論」にあてがわれ、「自立」かつ「軍事」である第四象限Dは「日本型ゴーリスト」、つまりフランスの独自性を強調したド・ゴール主義者の日本版だという。

永井が「軍事的リアリスト」批判のなかで注意を喚起しているのが、この「軍事的リアリスト」の中に、実は「日本型ゴーリスト」が多くまじっているということだった。

「アメリカとの『同盟』で民族の『自立』と、誇りをうしない、占領時代の『被後見期間』(アイザック・シャピロの語)の精神的惰性から脱しきれない、一種のモラトリアム国民意識へのはげしい自己嫌悪から発するものといっていい」[3]

では、この日本型ゴーリストは何が問題なのか。日本型ゴーリストは、実は「親米ゴーリスト」ともいうべき、一見、形容矛盾のような存在となっており、フランスのゴーリズムのように自立の基盤を持っていない。しかし、時間の経過にともなって日本型ゴーリストは本格的なゴーリストとなって日米関係に悪い影響を与えかねないというのである。

なぜ「吉田ドクトリン」は永遠なのか

永井のこの心配はまったくの杞憂にすぎなかったといってよい。当時、日本型ゴーリストと呼ばれていた論者たちは、いまや「親米ナショナリズム」を自称するにいたり、日米関係を至上のものとあがめてはいるが、両国の関係を再検討しようなどとは考えていないからである。

むしろ、いまの時点で注目すべきは、ここで永井が論じていた戦後日本の経済力と技術力の異様ともいうべき過大評価だろう。すでに日本は一九七九年の第二次石油ショックから立ち直って自信を深め、八〇年代の経済繁栄を謳歌していたのだが、永井によればこの繁栄はしっかりと抑制の効いたものだった。

そして「Ⅱ　安全保障と国民経済」では、非核を貫き、軽武装を維持していた日本への評価が繰り返されるのだが、その反面教師とされるのが、「軍事ケインズ主義」に陥ってしまったとされる、当時のアメリカなのである。

第二次世界大戦中のアメリカは、野放図な軍事予算の拡大によって未曾有の経済的繁栄が現実のものとなり、ある意味では「幸福」な時代だった。しかし、いったん戦争が終わってしまうと、拡大しすぎた経済を急にやめるわけにはいかなくなる。不況は政権にとって命とりになりかねず、軍需を中心とした産業にとっても死活問題となっていた。

この構図からドワイト・Ｄ・アイゼンハワーの退任演説とジョン・Ｆ・ケネディ政権との関係

を見直すならば、ケネディ神話によって隠されてしまったおぞましい事実が、いやおうなしに浮かび上がってくることになる。

「わが国では、軍産複合体というと、左翼用語かとおもっているひとが多いが、これこそ、生粋の保守主義者アイゼンハワー大統領がホワイトハウスを去るにあたって、アメリカの将来を心から憂える警告の語であった。……ケネディ政権のニュー・エコノミックスは、『大砲でバターを』という軍事ケインズ主義そのものであった」[4]

　永井は触れていないのだが、当時の軍産複合体が生み出した「支配層」について、すでにC・ライト・ミルズは『パワー・エリート』のなかで論じ、リベラル派の視点からではあるが、その歪んだ構造を指摘していた。[5]

　また、これはずっと後になってからだが、諜報論の専門家であるローエンタールの『インテリジェンス』によれば、ケネディはアイクの煮え切らないミサイルへの投資を批判し、ソ連のミサイルによる脅威を煽って大統領選に勝ったが、ホワイトハウスに入って秘密情報を手にするようになって愕然としたという。[6]それらのデータはアメリカの優位を示していたからである。

　いずれにせよ、永井が指摘しているのは、戦後アメリカ経済は軍事ケインズ主義に陥ることで、資源の濫用を繰り返すだけでなく、「産業経営と管理の上部構造が、半恒久的な防衛産業システムのなかに編みこまれ、その稼働率をたかめるためにも、一種の準戦時状態——つまり冷戦が必要となった」ということである。

日本の戦後は、こうした軍備に依存した経済を拡大しなかったことによって、麻薬のような軍事ケインズ主義から逃れることができた。これもまた戦後日本の成果のひとつだと永井は論じ、吉田茂が方向づけた戦後の指針を「吉田ドクトリンは永遠なり」と評価している。

「日本が自前の軍需産業と武器輸出の方向へ乗りだしていたら、こんにちの日本経済の奇跡はなかったにちがいない。この甘い誘惑を水ぎわでせきとめた功績は、吉田＝池田＝宮沢の保守本流の経済合理主義であり、大蔵省および財界主流、とくに銀行、金融界の均衡予算優先主義であり、それを背後でささえていたものが、社会党はじめ野党諸勢力、そしてなによりも反軍・平和主義の国民感情であった。これらすべては、敗戦という血と涙であがなった国民の自己体験と英知にふかく根をおろしたものであったといっていい[7]」

「世界が日本を見倣う日」は来なかった

ここまで戦後日本を称賛しているのを読めば、永井が「リアリスト」などでないだけでなく、自称した「政治的リアリスト」ですら遥かに遠く、単なるバブルにすぎなかった八〇年代の繁栄に取りつかれた惑溺的エリートとしか思えない。

しかし、ここで公正を期するため、もうひとり、同じ時期に似たようなことを論じた有名論者を取り上げておきたい。当時、経済評論家として圧倒的な人気を博していた長谷川慶太郎氏である。

長谷川氏の「世界が日本を見倣う日」は、永井の「現代と戦略」の連載と同じく『文藝春秋』の一九八一年一一月号に掲載され、永井と同じく文藝春秋読者賞を得た。さらには、第三回石橋湛山賞も受賞して、他の論考と合わせて単行本化されている。

この「世界が日本を見倣う日」が主張していることは、かなりの部分、二年後に永井が論じることと重なっている。長谷川氏は戦後の「平和ボケ」には反発を覚え、軍事的な知識への軽蔑には批判的であった（長谷川氏は経済評論家にならなければ軍事評論家になっていたと、あるところで述べている）[8]が、軽武装によって繁栄を達成した日本は世界において先駆的だったのだという。

「日本は世界でもっとも先に進んだ国といってよい。一足早く軍事小国路線を定着させ、国民の意識のなかに軍拡を拒否させる態度を不動のものにしたからである。日本の欠陥はこの貴重な実験を無意識に行なってきたことである」[9]

しかし、ソ連国内はすでに変化を見せており、社会主義のリーダーとして資本主義国との最終的な対決を望むどころではなく、たとえば、中東地域に石油をもとめて進出するという説も、すでにアメリカのＣＩＡが否定していた。「いま、日本で一部の人々がいう『中東へのソ連の脅威』がないことを米国がもっともよく知っているのである」

これからやってくるのは、米ソの軍事対立を軸とした冷戦の継続ではなく、経済的繁栄を軍事小国のなかで実現する時代である。これまで日本はアメリカから軍備増強と軍事参加への圧力をかけられても反論しなかった。

「いま、日本は堂々と反論すべきである。軍事小国路線がなぜ悪いか、と。また軍事大国路線のもたらしたジレンマを正面から指摘するべきである。そのジレンマからの脱出は、軍事大国路線の転換しかないし、それが底流として着々進んでいる東西両陣営の経済交流を通じての『一つの世界』を促進させるものと主張すべきである」[10]

長谷川氏は一九七九年の第二次石油ショックのさい、「日本に石油はある」から心配する必要はないと論じ、ショックの影響は軽いと予告して的中させた。日本に石油を輸送するタンカーの動向を精査していたからだった。[11]

この論考でも、いわゆる専門家による論文の引用は少ないが、欧米の雑誌（英文や独文のもの）を丹念に読んで「ソ連脅威論」の時代がすでに終わりつつあることを感じ取っていた。このときも、軍事に必要な金属、たとえば銅の価格が低下しているデータを、米ソ軍事対決の構図が終わりつつあることとの傍証としてあげている。

しかし、「世界が日本を見倣う日」はやってこなかった。一九九〇年に東京証券取引所で起こった株価の暴落をきっかけとしたバブルの崩壊と、それに続く「失われた二〇年」が始まったからである。バブル崩壊を予測できなかった長谷川氏はそれまでの名声を一時的に失うが、九〇年代になるとアメリカ経済を称賛し、それが軍事に支えられていると論じるようになる。

日本の「リアリスト」の誕生

さて、永井についての議論に戻るが、彼は一九六七年刊の『平和の代償』によって、政治的現実主義者としての評価を得たことはすでに述べた。同書の「あとがき」には、次のようなキューバ危機についての思い出が記されている。

それは一九六二年一〇月二二日午後七時ごろのことで、滞在先のアメリカで、妻と食事をしながらテレビをつけると、そこに現れたのはケネディ大統領の大写しになった顔だった。ケネディはキューバ危機を国民に告げていた。

「大統領の演説がすすむにつれて、その内容の重大さに私の顔色が変わっていくことが自分にもわかった。『何かあるの？』と心配そうに、妻は訊いた。『たいへんだぞ、戦争になるかもしれん。ミサイルを積んだソ連船団がキューバに近づいている。それを米海軍が封鎖するらしい』と早口に答えながら、どう考えても、ソ連船団と米海軍の衝突は不可避のように思われてならなかった[12]」

それまで永井は、大学では丸山真男に師事し、リアリズムの政治学者ハンス・モーゲンソーの著作などは読んでいたが、専攻したのはハロルド・D・ラスウェルに代表されるような「政治とパーソナリティ」についての分野であり、国際政治に詳しいわけではなかった。

しかし、このとき、パーティに出ても人びとはキューバ危機について論じていて、『孤独な群衆』で有名なデヴィッド・リースマンのように、国際政治は必ずしも専門でない政治学者たちでも、核戦略の専門用語を自然に使いながら論じていたという。

「日本にいると、想像もつかぬ力のせめぎあいの現場にいて、私はつくづく、自分の無知を恥じた。いくら専門外のこととはいえ、ミサイル・ギャップなどという魔術的な言葉と、スプートニク以来の新聞論調にいつしかまどわされ、少なくとも米ソ間に、核均衡があるかのような錯覚に陥っていた自分のうかつさに腹がたった[13]」

帰国すると「政治とパーソナリティ」についての研究を進めると同時に、国際政治についての論文を雑誌に発表するようになった。毛沢東の対アメリカ戦略についての論考や核戦略の議論をいくつか書いた時点で本にしたのが『平和の代償』であり、いま読めば「リアリスト」や「リアル・ポリティク」などの言葉がイメージさせる「タカ派」や「右翼」の性格はほとんどないといってよい。

当時、国際政治といえば、やはり同じく丸山真男門下の坂本義和が多くの知識人の尊敬をまだ受けていたころで、雑誌『世界』一九五九年八月号に寄稿した「中立日本の防衛構想」が、読むべき代表的な防衛論ということになっていた。

この論文のなかで坂本は、日本がアメリカとの同盟関係にあるということ自体が、むしろ日本に対する攻撃を挑発してしまうと論じて、日米安全保障条約に反対し、米軍基地の撤廃を主張した。

「第一に、もし米ソ戦争が始まってしまった場合にソ連の攻撃目標とならないためには米軍基地の撤廃が必要であろう。仮に基地がなくなったとして第二には、平時に原水爆積載米空軍機が万一にも日本の領空に立入らないようにするために、また戦時にソ連によって敵国とみなされたりアメリカに便宜を供する潜在基地とみなされたりしないためには、日本はアメリカの同盟国であってはならないであろう」[14]

ここから出てくるのが、日本は絶対中立を守るべきだという議論であり、それが当時の左翼だけでなく教養ある一般市民の多くが、意見を求められたさいに口にする「防衛論」だった。坂本は自伝である『人間と国家（上）』のなかで、次のように回想している。

「私が当時の政治評論や野党の主張を見て不満足に思ったことは、政府の政策への反対は明確であっても、ではどうすればいいのかという、オールタナティヴの構想が、著しく乏しいという点でした。それは、ことに日本の安全保障についての議論に顕著だと考え、あえて「中立日本の防衛構想」という形で現状分析と提言とを行ったのでした」[15]

しかし、この「提言」が本当に「オールタナティヴ」になっていたかどうかは、いまの感覚で考えれば明らかだろう。こうした奇妙な議論が、あたかも常識となっていたなかで、永井の言論がいちじるしく「タカ派」「右派」に見えただけだったのである。

ちなみに、坂本は丸山に師事したさいには英国保守主義の源流ともいうべきエドマンド・バークを研究対象として選び、アメリカに留学したときには米国リアリズムの泰斗ハンス・モーゲンソーについている。[16] それがいったいどうして、このような戦後日本的な進歩派の平和主義者に変容してしまうのか理解に苦しむが、当時の日本がいかに平和と反軍事に染まっていたかの例証にはなるかもしれない。

リアリストからパシフィストへ

実は、私は永井については決して良質な読者とはいえないが、比較的熱心な読者であったことは確かである。大学で政治学科に席を置きながら勉強しなかった国際政治については、永井の著作だけが知識の源といってよかった。他の分野でも気に入った論者を未知の世界への「窓」としていたが、永井は私が国際政治に開けた唯一の「窓」だった。

こうして書いていて、手元に残った永井の古びた書籍を読み返しながら、ある種の感慨が生まれることもしばしばである。そのうちのひとつが、「これが政治的リアリズムならば、モーゲンソーの国際関係論などは、いったい何と呼ぶべきか分からない」というものだ。

衝撃を与えた『平和の代償』の後、永井は一九七〇年の「解体するアメリカ」ではリースマンやホーフスタッターといった論者たちの最新の著作を使いつつ、六〇年代後半に生じたアメリカの「法と秩序」の解体を論じ、七二年の「キッシンジャー外交の構造」では、ニクソン大統領の補佐官となったキッシンジャーの学問的業績から現実の外交を読み解くといった、読み物としてもすぐれた論文をつぎつぎに雑誌に発表していった。

いまでも思い出すのは一九七九年に刊行された『時間の政治学』で、第一部が「時間の政治学」、第二部が「空間の政治学」といった構成の、こちらも読んで面白い論文集だが、いまなら編集者たちは「時間の地政学」というタイトルをつけたがることだろう。

　永井はベトナム戦争を念頭に置きながら次のように語っている。

「概して大衆民主政下の世論の変化は、平穏の時代には、客観的な事態の動きよりも、変化のスピードがはるかにのろく、国際危機や緊急時の大衆心理のエスカレーションは、しばしば事件の進行テンポをうわまわるという傾向がある。W・リップマンの言をかりれば、『戦争と平和に関する主観的感情のサイクルは、通例、客観的発展のテンポとあわない』のである。この大衆世論とムードの起伏は、現代の政治的限定戦争、とくに持久戦において、マイナス要因とならざるをえない[17]」

　また、現代の国際社会において「時間」がどのような資源となってきたかを、先進国と途上国との交渉を例にとりながら、こう述べる。

「時間の稀少性が増すにつれて、時間の〝影の価格《シャドウプライス》〟（ヤミ価格）もたかまる。それは発展途上国に波及して先進国へのキャッチ・アップの焦燥感を刺激するが、同時に、外交交渉やかけひきでの〝待忍能力〟の有効性をつよめることにもなった。……

　とくにソ連や中国のように、交渉時間の『国内タイムリミット』をもたない国々に対しては、日米のように選挙や世論に制約され、固定した『国内タイムリミット』をもつ国はきわめて不利な立場におかれることになる[18]」

　こうしたアイロニーに満ちた鋭い洞察が政治学だといわれれば、他の退屈な論文しか書けない政治学者たちが気の毒だろう。しかし、前出の『現代と戦略』にいたると、こうしたレトリックが影をひそめて、日本のこれからの戦略についての論考は、まるで凡百の平和主義者のような煽動的な調子すら感じさせるのである。

森嶋通夫の「尊厳に満ちた降伏」

永井が『現代と戦略』の冒頭を飾る「Ⅰ　防衛論争の座標軸」のなかで、岡崎久彦の防衛論と森嶋通夫の「新『新軍備計画論』補論」を比較し、アメリカによる核の傘依存に関する岡崎の議論を批判しつつ、森嶋説に対して「ほとんど九〇パーセント」賛成と述べたとき、意外というより何か異様なものに出会った気がした。

森嶋の「新『新軍備計画論』」とその補論どころか、森嶋通夫というロンドン大学教授がいたことすらすでに忘れられてしまっているので、まず、そこから始めなくてはならない。

京都大学在職中に理論経済学で注目され、後に英国のロンドン・エコノミック・スクール教授となった森嶋は、日本の経済的成功やイギリス論で何冊もベストセラーを出していたが、一九七九年一月一日付の北海道新聞に「何をなすべきでないか」を寄稿した。

ここで森嶋は、サンケイ新聞に掲載された早稲田大学客員教授・関嘉彦の軍備論に対して、「英国に勝利をもたらしたのは、軍事力ではなく、この（対ナチス勢力を維持した）政治力である」と述べ、「軍備は果して国を守るだろうか。軍隊が国を守った事例と、国を破滅させた事例を数えあげるならば、前者の方が多数であるとは必ずしもいえない」[19]と論じた。

これに対して関が反論し、さらに森嶋が再反論したが、『文藝春秋』同年七月号に両者はこれまでのエッセイを掲載するとともに、さらに相手を批判する論文をそれぞれ寄稿した。これが世にいう「森嶋論争」だが、以降も論争は続いた。

この論争のなかで最も注目されたのが、森嶋が関への反論のなかで書いた「最悪の事態が起れば、白旗と赤旗をもって、平静にソ連軍を迎えるより他ない。三十四年前に米軍を迎えたようにである。そしてソ連の支配下でも、私たちさえしっかりしていれば、日本に適合した社会主義経済を建設することは可能である」という文章だった。つまり、ソ連軍が日本に侵攻してきたら、下手な抵抗はせずに平静に降伏し、社会主義国になるのがいいというわけである。

永井はこの森嶋論文に「九〇パーセント」賛成していると述べているものの、もちろんそれなりの留保がついている。永井の文章をそのまま引用してみよう。

「私の立場を明確にしておくために結論からいうと、私はほとんど九〇パーセント、森嶋説に賛成である。とくに、多くのいわゆる軍事的リアリストが、戦争回避のために全力をつくすべきと口でいいながら、核軍縮、軍備管理、そして文化交流、経済協力——森嶋氏のいうソフトウェアの手段にどれほど真剣な関心と努力をはらってきたか、まったくうたがわしい」[20]

つまり、永井は岡崎などに代表される軍事的リアリストが、森嶋のいうソフトウェアに真剣に取り組んでいないのに、ハードウェアつまり核武装について安易に論じて、アメリカの傘に依存していることを批判したかったのである。

「私のいうのは、『ソ連が攻めてくるばあい、自衛隊は秩序整然と降伏し、そのかわりに政治的自決権を獲得すべきである』という、森嶋説に多くの人たちが心理的抵抗を感じた点を指しているのではない[21]」

それでは何に九〇%の支持を与えているというのだろうか。

「森嶋氏が反論し、論敵の関氏もみとめていたように、抑止に失敗し、北海道なり日本本土がソ連の猛攻で戦場になったとき、猛りくるったソ連の攻撃で戦禍をうけ、廃墟になった本土で最後に皆殺しになるか、降伏するかの選択にたたされるくらいならば、戦うことなく『威厳に満ちた降伏をする』ほうが、まだしも民族の将来にとって希望がもてる、という結論にはなんぴとも反論できないだろう[22]」

戦中派に見られる「降伏」論

永井は「なんぴとも反論できない」などと述べてしまっているが、むしろ、旧ソ連が満洲で何をしたか、支配した衛星国からどれほど収奪したかを事細かに思い出せば、何人も肯定できないだろう。

ただ気になるのは、「尊厳に満ちた降伏」が、アメリカ軍に対しても難しいとされていたのに、それが中立条約を破棄して満洲国境を越えてなだれ込み、略奪や乱暴を働いたソ連軍に対しても可能だと考える人たちが、すでにいたという事実である。

次に紹介するのは司馬遼太郎と梅棹忠夫の対談だが、二人とも中国大陸で若い時期をおくっており（司馬は戦車兵として、梅棹は動物生態学者として）、ソ連軍の行動も知っていたはずである。しかし、不思議なことに二人とも森嶋説に近いか賛成者だった。

「司馬　戦争をしかけられたらどうするか。すぐに降伏すればいいんです。戦争をやれば百万人は死ぬでしょう。レジスタンスをやれば十万人は死にますね。それより無抵抗で、ハイ持てるだけ持っていって下さい、といえるぐらいの生産力を持っていればすむことでしょう。向うが占領して住みついたら、これに同化しちゃえばいい。それくらい柔軟な社会をつくることが、われわれの社会の目的じゃないですか。

梅棹　目的かどうかはわかりませんけれども……いいビジョンですな。」[23]

梅棹については、準備中の評伝でもう少し詳しく書いたが、森嶋説の支持者であった。ともかくこの対談の日付をみれば、森嶋が自説を発表する一〇年も前に、司馬と梅棹は似たようなことをいっていたことになる。しかし、それは外交論でも戦略論でもなく、とても「ビジョン」といえるようなものではなかった。

永井の論文に戻るが、「なんぴとも反論できない」などと述べてしまうような勇み足はともかく、永井がいいたいのは日本が核武装をしないという選択をしているかぎり、唯一の自衛法は戦争を起こさないということである。戦争が起きてしまえば、つまり「事後」においては、森嶋がいうように降伏するのが、少なくとも「事前」に抑止して刺激したり、抵抗して惨殺されるよりは将来に希望をつなげられるというにすぎない。

「森嶋説は、徹頭徹尾、『同盟』や軍事力にたよる『抑止』の効力を否定し、純然たる防衛論の立場にたっている。……抑止理論ではなく、抑止に失敗した事後の防衛論の立場にたっている。岡崎説は、日米共同抑止と共同防衛を、同列にならべて論じているが、論理的につきつめれば、抑止理論にほかならない。森嶋、岡崎両理論は正反対の立場にみえるが、両者とも核時代における『抑止』と『防衛』のディレンマを十分、つきつめて考えぬいたものではないという点で共通性をもっている[24]」

それでは、突きつめた永井が提示する理論とはどんなものだろうか。実は、永井は「現在、『西側の一員』として、ソ連の脅威に対処する具体的な共同防衛戦略の問題が日程にのぼった以上、『抑止』と『防衛』にひそむディレンマにも目を閉じることはできない」と述べている以外、突きつめたことを何もいっていないのである。それなのに、次のように付け加えている。

「吉田いらいの保守本流の安全保障政策が論理的一貫性を欠き、色こく両義性をもつことじたいが、吉田ドクトリンの卓越性をしめすものにほかならない。わが国民のすぐれた能力のひとつが、『両義性への寛大さ』にもとづく政治的妥協能力にあるとすれば、吉田ドクトリン（正教）のしめした異例の持続性の秘密も、またそこにあるといわねばならない[25]」

永井も保守本流も逃げている

右の文章を読んで、いますべての人が納得できるとすれば、日本のバブル崩壊以後も、日本人は何も変わっていないということになるだけである。しかし、世界が日本を見倣うような日は来ていないことだけはたしかであろう。

永井自身がこうした曖昧さをうまくつかうことによって、直視すべきディレンマに直面することを避けてきた。

この論文では、評論家の清水幾太郎が核保有について論じたことについて、「かつての平和＝反戦運動の指導者、清水幾太郎氏までが『日本よ国家たれ・核の選択』とさけぶような時代風潮」と冷ややかな論評を加えており、永井が核保有など考えていないことは確かだが、それは理論家としてはディレンマをさらに深くする行為に他ならなかった。

そしてまた、永井が称賛している保守本流の継承者である宮澤喜一の外交論も、次に見るようなものでしかなかったことも想起すべきだろう。これは、あるインタビューに答えた宮澤の発言である。

「実はわたくしは、外務大臣のときに次官以下の幹部の諸君に宿題を出したのですよ。まず、こう問いました。日本は憲法によって戦争の放棄を宣言し、どこの国とも仲良くするということを外交方針にしていると、わたくしは考えているのだが、間違いないか、とね。げんに、憲法の前文に、『諸国民の公正と信義に信頼して……』と書いてあるのですよ。みんな、間違いない、その通りだと答えました。そこでわたくしは、いったのです。もしも、どこの国とも仲良くする、ということを実際に行なうと、これは、大へんにモラリティのない外交にならざるを得ない、とね。そうでしょ。……

結局、日本は、モラリティのない外交しかできない。また、国民も、本心では、それを望んでいるのではないですか。一切の価値判断をしない外交。しかし、これは、ごまかし外交でしてね。価値判断といえば、損得勘定だけでしょうな。価値判断がないのだから、何もいえない。いうべきことがない。ただ、頭を叩かれればひっこめる。世界の空気を眺めて、大勢に従う。日本は、これまで、それでやってきたのですよ」[26]

せいぜい判断をして、損得勘定だけしかない外交でも、それはそれなりに一つの価値判断をしていることになる。それがサバイバルの唯一の道であれば、当面は経済的な損得だけで進めるという外交も成立するだろう。

しかし、そんなことより問題なのは、永井がいう吉田ドクトリンを継承しているはずの保守本流の指導者が、外務省の次官以下に「宿題」を出して何か答えが得られると思っていたことだ。宮澤のこの発言が本心からのものとすれば、吉田ドクトリンそのものが怪しげなものだったということになる。あるいは、宮澤という政治家には引き継がれずに消滅していたということだろう。

外交という政治はいまや政治家が提示するものであり、ストラテジーはその外交を実現するための手段あるいは橋渡しということになる。それを作戦実行組織に「宿題」で出すような政治では、もともと政治もストラテジーも構想することなどできるわけがないのである。

第三章

敗戦は「絶対悪」なのか

大ロングセラー『失敗の本質』

一九八四年に刊行された『失敗の本質』は、日本軍の「失敗」を取り上げて、そこから日本的組織の欠陥をあぶりだそうとした試みとして注目された。ことに日本経済が一九七九年の第二次石油ショックから脱出して、もう世界に学ぶべき例はないとの「空気」が広がったとき、いわば「勝って兜の緒を締めよ」式の教訓として読まれた。

この本の文庫版（一九九一年刊）の「あとがき」には、次のような文章が見える。

「いまやフォローすべき先行目標がなくなり、自らの手で秩序を形成しゲームのルールを作り上げていかなければならなくなってきた。グランド・デザインや概念は他から与えられるものではなく、自らが作り上げていくものなのである。新秩序模索の過程では、ゲームのルールも動揺を繰り返すであろう」[1]

文庫版刊行時の日本を振り返れば、巨大な経済バブルを、日本の本当の繁栄と見誤っていたといわれても仕方ない。事実、この年から、まさに「日本的経営」への激しい失望と批判と、アメリカ型コーポレートガバナンスへの称讃が巻き起こった。

この本の筆者たちが日本的経営に見切りをつけてアメリカ型コーポレートガバナンスに飛びついたというわけではない。しかし、『失敗の本質』が指摘していた成功体験への執着や過剰適応がバブルを生み出し、崩壊後の回復を遅らせたことを思えば、この本の読まれかたは、実は筆者たちの意図とは微妙にずれていたといわねばならない。

「組織学習には、組織の行為と成果との間にギャップがあった場合には、既存の知識を疑い、新たな知識を獲得する側面があることを忘れてはならない。その場合の基本は、組織として既存の知識を捨てる学習棄却（unlearning）、つまり自己否定的学習ができるかどうかということなのである」[2]

この学習棄却、「アンラーニング」は、この本が出て数年で、まるで流行語のように経済マスコミが繰り返し使うようになった言葉だった。そして、気の利いたビジネスマンもまた、「アンラーニングが必要だよ」などといってみせるのが会話のアイテムになっていた。

しかし、次から次へと新しい言葉を探している経済マスコミはともかくとして、まさにこのアンラーニングがやすやすとは実行できないことによって、日本経済はバブルを急速に拡大し、そしてものの見事に破裂させて「失われた二〇年」を招き寄せてしまったのだ。

いや、二〇年の低迷ののちも、せっかく低迷から抜け出した代表的ものづくりメーカーが、まるで吸い寄せられるように再びアンラーニングを忘れ、成功体験を至上のものとして破綻し、はては外資に身売りしているではないか。

過剰適応してしまう日本の組織

日本軍の組織的研究に集った研究者たちは、なるほど、日本を敗戦へと導いたと思われる組織的欠陥を分析したことはたしかである。ノモンハン事件においては大兵力・大火力・大物量主義をとるソ連に対し、小出しに軍隊を出す兵力逐次主義におちいり、情報収集をおこたり、精神主義に依存したのかもしれない。

また、ミッドウェー戦では作戦目的の不明瞭さと情報の軽視が勝機を奪い、ガダルカナル戦ではこれまた兵力逐次投入と白兵戦至上主義への固執や、戦闘のための食料・武器などの輸送を深慮する兵站《へいたん》思想の欠如が、大敗を招いたと同書は論じている。

インパール戦では無謀な作戦を、会議における雰囲気すなわち「空気」によって決断して悲惨な損失を被り、レイテ海戦でも作戦目的の不明瞭さと情報の軽視が惨敗を招いた。さらに、沖縄戦においては空気の支配によって戦術が決められ、住民を巻き込んで大量の死傷者を出してしまった。

では、それは日本軍の組織が十分に意思統一や訓練が出来ていなかったから生じた弊害だったのだろうか。そうではない、それは逆だったというのが、本書の指摘が新鮮に思われた点だった。「つまり、帝国陸海軍においては、戦略・戦術の原型が組織成員の共有された行動様式にまで徹底して高められていたのである。その点で、日本軍は適応しすぎて特殊化していた組織なのであった」[3]

こうした「適応しすぎて特殊化していた組織」は、新しい状況に対しては当然のことながら不適応を示すことになる。

「適応力のある組織は、環境を利用してたえず組織内に変異、緊張、危機感を発生させている。あるいはこの原則を、組織は進化するためには、それ自体をたえず不均衡状態にしておかなければならない、といってもよいだろう。……完全な均衡状態にあるということは、適応の最終状態であって組織の死を意味する。逆説的ではあるが、『適応は適応能力を締め出す』のである」[4]

　こうした欠陥をもつ日本軍に比べて、適応能力をもっていたのがアメリカ軍であるとされる。アメリカ軍は真珠湾での戦いで被害を被ってからミッドウェー戦で雪辱を果たした。ガダルカナル戦でも、過去の失敗に学んだ実験的な水陸共同作戦を展開した。

「日本軍には、米軍に見られるような、静態的官僚制にダイナミズムをもたらすための、①エリートの柔軟な思考を確保できる人事教育システム、②すぐれた者が思い切ったことのできる分権的システム、③強力な統合システム、が欠けていた。そして日本軍は、過去の戦略原型にはみごとに適応したが、環境が構造的に変化したときに、自らの戦略と組織を主体的に変革するための自己否定的学習ができなかった」[5]

　こうして読んでくれば、アメリカが勝利し、日本が敗北するのは必然だったことが組織論的にも明らかになった気がしないでもない。しかし、何かおかしくないだろうか。こうした議論そのものが、何かの繰り返しのようには思えないだろうか。

すでにある「鋳型」に流し込む

すでにお気づきの読者も多いかと思うが、こうした議論の構造じたいが、戦後、日本において繰り返されてきた、「日本はダメでアメリカが正しい」の繰り返しに過ぎない。もちろん、そこに組織論というアカデミックな味付けがしてあり、また、戦術や作戦レベルの戦記が語られているのだが、結局のところ「勝った方が正しかった」式の議論なのである。

もちろん、すべての国力を投じて戦った太平洋戦争における敗北は、まさに、日本そのものの敗北だったことは間違いない。しかし、これでは「結果から推論して原因を突き止めた気になる」という論理学上の初歩的な誤謬を繰り返しているといわざるを得ない。そして、その繰り返された鋳型に組織論がはめ込まれているだけなのではないだろうか。

つまりは、こうした議論そのものが、戦後日本そのものの繰り返しであり、実は、議論を続けている人たちが、まず、戦前・戦中を絶対的な誤りとする空気のなかに浸っていて、自分が抱いている戦後的価値観を疑うことがないのである。自らはアンラーニングを実践することなしに、戦後的なパラダイムに過剰適応していたのではあるまいか。

すこし結論を急ぎ過ぎたかもしれない。しかし、私はこの本を読みなおすたび、その分かりやすさに感心すると同時に、どうしてこんなに分かりやすいのかという、深い疑問が湧き上がるのを抑えることができなかった。

この本も、刊行されて間もなく飛びついた一冊であり、いまも書棚には幼い書き込みがしてある単行本の初版が置いてある。一九九〇年代のなかごろのことだが、若い自衛官がこの本の文庫版を私に読むよう勧めてくれたことがあった。

「旧日本軍は、こんなに馬鹿なことをやっていたんですよ。ほんとうに、腹立たしいんですが、読んでおいたほうがいいです」

しかし、すでにこの本について、いくつもの疑問を抱くようになっていた私は、軽く頷いて、それまで何度もこの本を読み、著者のひとりに編集者としてかなり世話になったことがあったことも話す気になれなかった。そして、もし、再び読み直すことがあるなら、それは何らかのかたちで批判するときになるだろうと漠然と思った。

この本の分かりやすさは、まず、第一に、文句のつけようのないほど、日本軍が「失敗」した例だけをあげて議論している点にある。第二に、多くの先行的な批判的文献のある事例を選んでいることも大きい。そして第三に、真珠湾などのように、解釈の分かれる例は、簡単に触れるだけにしている点も親しみやすさに貢献している。

付け加えるなら、そしてこれが大きな問題なのだが、この本は戦術と作戦のレベルについて検討しているのに、結論においては戦略やグランド・ストラテジーにまで嵩上《かさ》げしている。[6] にもかかわらず、読者にとってはそうした「すり替え」はあまり気にならない。

なぜなら、戦略やグランド・ストラテジーについては、太平洋戦争で日本軍は完全な敗北に終わったのだから、いまさら評価しなおす余地などないように思われるからである。

ノモンハンへの「決まり文句」

しかも、戦略レベルでなく作戦・戦術レベルでも、すでに「愚行」で「惨敗」と評価が定まったように思われていた一九三九年の「ノモンハン事件」については、流布している否定的な評価に、少しの疑問ももたなかったようである。

「ノモンハン事件は日本軍に近代戦の実態を余すところなく示したが、大兵力、大火力、大物量主義をとる敵に対して、日本軍はなすすべを知らず、敵情不明のまま用兵規模の測定を誤り、いたずらに後手に回って兵力逐次使用の誤りを繰り返した。情報機関の欠陥と過度の精神主義により、敵を知らず、己を知らず、大敵を侮っていたのである」[7]

同じような最低の評価はさらに続く。

「満州国支配機関としての関東軍は、その機能をよく果たし、またその目的のためには高度に進化した組織であった。しかし統治機関として高度に適応した軍隊であるがゆえに、戦闘という軍隊本来の任務に直面し、しかも対等ないしはそれ以上の敵としてのソ連軍との戦いというまったく新しい環境に置かれたとき、関東軍の首脳部は混乱し、方向を見失って自壊作用を起こしたのである」[8]

こうしたノモンハン事件の「教訓」は、第二次世界大戦における日本の完膚なきまでの敗戦という歴史的事実に接続されて、ゆるぎない整合性を付与されている。しかし、ノモンハン事件は第二次世界大戦には含まれておらず[9]、その主敵もアメリカではなく、粛清の嵐が吹き荒れて間もないソ連であったことを思い出しておくべきだったろう。

そして、果たしてノモンハン事件が、日本軍のどうしようもない劣悪な軍事技術と組織体質を象徴するものだったのか、第二次世界大戦の敗北の予兆として見ることが的確だったのか、残念ながらいままでは疑念を持たずにいることのほうが難しいのである。

一九九〇年のソ連崩壊によって、それまで機密指定文書だったソ連側の一次資料が利用できるようになると、近代化され機械化されたソ連軍に対して、白兵戦で戦うしかなかった旧態依然たる関東軍は、完膚なきまでに撃破されるほかなかったというイメージは疑わしいものとなった。

まず、それぞれの死傷者数が、それまでの数値と大きくかけ離れていた。

日本軍　①二万一五七人　（②一万七三六四人　③五万五〇〇〇人）

ソ蒙軍　①二万五六五五人　（②一万八五〇〇人　③九二八四人）

ここで①は、秦郁彦氏が『明と暗のノモンハン戦史』において再調整した数値[10]。②は『失敗の本質』が採用した数値[11]。③は事件直後にソ連が発表した数値である[12]。

一次資料の公開後、ノモンハン事件を論じる人のなかには日本軍については②を、ソ蒙軍については①を採る者もいる。自己申告で比べるべきだということだろう。ただし、秦氏は概数として日本軍約二万人、ソ蒙軍約二万五〇〇〇人を「ゆるがない」数値としている[13]。

「山のような戦車」だったのか

両者の死傷者数の差は、最終的には日本軍も五万数千人の動員をしたとはいえ、第二次ノモンハン事件が進行中で多くの犠牲者を出した八月下旬までの動員数は二万五〇〇〇人であり、いっぽう、ソ蒙軍の動員数が五万二〇〇〇人であることを考えれば、それぞれの死傷数が兵隊数比の二乗に逆比例するという「戦力二乗の法則」など持ち出さなくとも、日本が一方的に負けた戦いだったとはとても判断できない。

さらに、空中戦についていえば、当時の日本側発表ほど赫々《かっかく》たる戦果はあげていないにしても、九七式戦闘機はソ連の旧式の戦闘機を圧倒したとの評価は多く、劣勢を伝えられている戦車戦においても、日本の対戦車砲がソ連の戦車をかなりの割合で撃破したことが明らかになっている。

なお、日本軍の兵員規模は停戦の直前には動員過程も含めれば約一〇万人になりつつあったという指摘もあって、ノモンハンはこれからというときに停戦になってしまった、という参戦将校の慨嘆にも、それなりの理由があったといえる。

こうして見たとき、奇妙に感じられるのは、一九八四年に刊行された『失敗の本質』が、人的被害についてはソ連軍とほぼ拮抗もしくはソ蒙軍のほうが大きいとすでに認識しているのに、戦後、極東軍事裁判で流布された「進んだソ連軍、遅れた日本軍」のイメージを踏襲していたことだ。

もちろん、戦争は死傷者数や損耗率だけで評価すべきものではなく、また、目的の達成という観点からすれば、ソ連が主張していた国境が確認されたのであるから、日本軍が勝利したとはいえないかもしれない。ノモンハン事件は日本軍の敗北に終わったというイメージは、この時点でも強かったことはまちがいない。

しかし、一九九〇年以降になって新しい資料が使えるようになり、イメージが一変してからも改訂版を刊行しないのは、学問的にも不誠実であり、モラルとしても非難されてしかるべきではないだろうか。

いうまでもなく、ソ蒙軍の前に関東軍はなすすべもなかったというイメージは、ノモンハン戦の停戦直後からあった。とくに、満洲に派兵されていた軍人や軍関係者たちには恐怖をともなう忌まわしい噂としてささやかれていた。

私の父親は戦時中、陸軍気象部に所属して、軍属として満洲で気象観測をしていたが、こうしたソ連の機械化師団の恐るべき噂話を何度も聞いたようで、次のように語っていた。

「ソ連の戦車はさびだらけの山のような戦車だったらしい。日本軍の塹壕をまたぐと、ぐるりと車体を回すので、塹壕にいた日本兵は生き埋めにされた」

それがまったくの妄想とはいえないまでも、「さびだらけ」の当時のソ連戦車は、それほど巨大なものではなかった。残っている写真をみると、塹壕にはまって動けなくなったソ連戦車があることからすると、生き埋めにされた日本兵がいたとしても、常に塹壕の上で車体を回せたわけではなかったことは推測できる。

本当は勝っていたのではないか

しかし、ソ連軍の「近代化」が称賛される一方で日本軍の「後進性」が強調され、それが日本国民に広く浸透するのは、やはり極東軍事裁判からだろう。前出の秦氏は著作の「あとがき」で次のように述べている。

「戦後初期にまず登場したのは、ソ連検事団の主張をそっくり受け入れ、日本の侵略行動と断定した東京裁判の判決だった。親ソ、親中に傾斜していた日本人の左派歴史家たちも追随した。一九五五年に刊行された歴史学研究会（遠山茂樹ら）の『昭和史』（岩波新書）は『日本の侵略はいぜんソ連に向っていた……結果は無残な敗北で……全滅的な打撃を受けた』と書いたのは一例である。明暗どころか善（ソ連）と悪（日本）が戦い、悪が完敗したという構図だ」[14]

旧ソ連の一次資料が使われるようになってから、ノモンハン事件のイメージの転換に積極的に取り組んだ歴史家に福井雄三氏がいる。福井氏は『「坂の上の雲」に隠された歴史の真実』のなかで、司馬の遺志を継いだという半藤一利氏の『ノモンハンの夏』を批判しながら、新しい資料が示唆するノモンハン事件の現実に迫ろうとした[15]。

福井氏は総数二三万人にも達したと推定されるソ蒙軍が、当初は三万人にも満たなかった日本軍によって膠着状態に陥ったことをもって、日本軍は勝っていたと述べたこともある[16]。しかし、これからというときに外交によってソ連に有利なかたちで停戦に持ち込まれたことを認めているのだから、やはり「勝っていた」とはいえないだろう。

したがって、いま私たちがなすべきなのは、外交交渉によって負けたことはしかたないとして、作戦や戦闘はどうであったのかを正しく伝えることだろう。これまでの一方的なイメージをなるだけ正確な数値と記録によって修正すると同時に、現地の戦闘を日本政府はなぜきちんと把握できなかったのか、その経緯を再検討しておく必要がある。

すでにそうした段階に来ているのに、いま読まれている『失敗の本質』では、日本軍の組織の欠陥と装備上の後進性だけが繰り返し指摘されている。たとえば、日本は戦車戦に対する認識が低く、第二三師団が苦戦を続けているさいに第一戦車団に対して帰還命令を発したことなどが、日本側の敗北の証であるかのように記述されたままなのである。

では、ノモンハンでは実際にどのような戦車戦が行われたのだろうか。『失敗の本質』ではソ蒙軍の戦車に圧倒されたことになっている戦車戦では、たしかに第一戦車団が半数の戦車を破壊されて帰還しているが、秦氏によれば、ソ蒙軍の戦車は損耗を前提としていたため八割が動かなくなっている。

当時のソ連製の戦車は、福井氏によれば「走行射撃もできない低レベル」であり、数量は多かったものの、『失敗の本質』が印象づけているようには、日本の戦車を圧倒してはいなかった。『失敗の本質』は次のように述べているのである。

「ノモンハンでソ連戦車群に大敗した戦車は日本陸軍の装備上の一大欠陥であった。ヨーロッパでは戦車を主体にした戦略単位による電撃戦が新たな陸戦のコンセプトとして登場していたが、日本軍は対戦車戦用の戦車砲の開発が遅れ、戦局の推移に追いつけなかった」[17]

しかし、ソ連の一次資料がないのは仕方ないとしても、ノモンハン戦の体験記を丹念に検討しただけで日本軍はソ連製の戦車の装甲を打ち抜けなかったと結論づけてしまうのには、本当だろうかという疑問が生じる。さらには、ソ連側の戦車が甚大な被害をこうむったのは、日本軍の対戦車砲による砲撃だったことも推測できたはずだ。

善と悪の戦いでは「本質」は見えない

いかにも日本はソ連よりも技術的に劣っているかのように記述するのが、当時まで続いていた「学習効果」とはいえ、こうした矛盾は歴史的資料に虚心にあたれば気づくのだが、『失敗の本質』の筆者は、蔓延している「空気」に飲みこまれていた。

ところがそのいっぽうで、日本軍は第二次世界大戦初期における戦闘機のレベルが高いという認識があったせいなのか、ノモンハン戦での戦闘機については「失敗の分析」の部分であっさりと次のように記述しているのは、全体のコンテキストからすれば不自然だろう。

「ノモンハン事件でソ連空軍を圧倒する性能を示したのは陸軍が開発した世界的水準の国産軍用機九七式戦闘機である。九七式戦闘機の後継機として一式戦闘機『隼』が生まれたが、これは海軍の誇る零式戦闘機と並んでその高性能をうたわれた名機である」[18]

ちなみに、半藤氏が『ノモンハンの夏』でソ蒙軍の死傷者数を二万四四九二人としていることから、福井氏は半藤氏が新資料を目にしていたことを指摘し、さらに、辻政信や服部卓四郎といった参謀たちを「絶対悪」として語ったことを批判している。[19]

たしかに、辻の言動に批判的になる気持ちも分からないではないが、後世に残す歴史的記述としては、やはり問題だろう。人間的に好きになれないからといって「絶対悪」と決めつけては何も明らかにならない。

半藤氏は、一次資料を検討したせいか、後には「それは奇妙で残酷な戦いだった。どちらも勝たなかったし、どちらも負けなかった」といわざるをえなくなる。また、「関東軍の火遊び」がノモンハン事件を起こしたと論じていたが、この説に対しても秦氏が前出の著作で、国境紛争をめぐる「偶発的な戦争」だとして、つぎのように総括している。

「出合頭に近い偶発的衝突だとすれば、情勢分析、戦術判断の過失や錯誤が双方ともに頻発してもふしぎはない。こうした前提で見直すと、『より過誤の少ないほうが勝つ』という金言があてはまりそうだし、さらにつきつめると、『引き分けに近い』と判定してよい局面がいくつも見えてくる」[20]

依然として議論を不毛にするのは、敗れた者を安易に「悪」とし、その原因を「絶対悪」ともいえる人物に求める発想法である。それでは公平な歴史など書けるわけがないし、そもそも絶対悪からは教訓を得られないから戦略など立てようがないのである。

二〇一二年になってから、『失敗の本質』の続編とされる『失敗の本質　戦場のリーダーシップ篇』が刊行されて、このなかにノモンハン事件の再検証を行った章がおさめられている。しかし、愕然とするのは、ここでは「作戦・戦略」のレベルは措いて「大戦略・戦略」のレベルについて見ると言い出し、停戦に持ち込まれた情報戦における日本の「敗北」が延々と語られていることである。[21]

もちろん、戦場での防諜などは健闘したものの、外交につながる戦略レベルでの諜報では日本が遅れをとったことは明らかだった。しかし、一次資料の公開によって修正を迫られたのは、作戦・戦術レベルでのあまりにも大きな誤認だった。そうであれば、続編においてすべきことは、まず、東京裁判やソ連情報に翻弄された本編での記述を改めることだったのではないだろうか。

なお、作家の司馬遼太郎はノモンハン事件をテーマとする小説を計画していたが、結局、それは書かずに亡くなった。しかし、生存中にすでにソ連の一次資料は公表されていたから、「資料魔」であった司馬がまったく無関心であったはずはなく、また、一次資料の数値について報告した出版関係者もいたと私は聞いている。

そもそも、晩年の『この国のかたち』などを読めば、昭和時代の小説はもう書かないつもりであることが示唆されているが、一次資料によっても、ノモンハン事件を描くという司馬の意欲は大きく減退したのではないだろうか。

真珠湾ははたして「成功」だったのか

さて、『失敗の本質』に戻ると、戦略と戦術がしばしば混同されたまま論じられていることを指摘したが、おそらくこの欠陥こそが、同書を読みつつ戦略的な組織を考えていくさいに、最大の障害となるのではないかと思われる。

この点については、実は、前章で取り上げた永井陽之助が『現代と戦略』のなかですでに指摘していた。永井は、第一次世界大戦時のドイツ潜水艦による無差別通商破壊と、第二次世界大戦時の真珠湾攻撃の二つをあげて次のようにいう。

「いずれも短期の戦術的利得が、長期の戦略的大失敗になった典型的な例である。フォン・クラウゼヴィッツは、戦略と戦術、政策と戦争との有機的関連を、目的と手段の弁証法からくわしく説いたが、要するに、個々の戦闘をいくら積分しても、ひとつの有機的全体たる戦争にはならないし、戦争をいくら細部の戦闘に微分しても無意味である。

前掲の『失敗の本質』のもつ基本的な欠陥もまた、このストラテジーの根本を忘れていることである。だから『開戦劈頭《へきとう》の真珠湾奇襲攻撃に代表されるように、日本軍の作戦成功例とみなすべきものも少数ながらいくつか存在した』などという、ばかげた指摘となる[22]」

「ばかげた指摘」とは手厳しいが、それぞれの作戦・戦術レベルに注目すれば、真珠湾攻撃は戦闘そのものとして「成功」したと評価することは可能だろう。しかし、日米の戦争ということを考えたときには、アメリカの世論を憤激させてしまったことで、決戦には勝っても「暫定協定」（モーダス・ヴィヴェンディ）に持ち込むことは不可能となってしまった。

この真珠湾攻撃失敗説は、実は、永井が批判した岡崎久彦も唱えていた説だった。岡崎もまた『戦略的思考とは何か』のなかで次のように論じている。

「太平洋戦争はいまになって思えば、どの時点をとってみても最終的には勝ち目のない戦争でしたが、その間日本が望みをつないだのは、どこかの場所で大決戦を求めて日本海海戦のような大勝利をおさめて、そこで有利な講和を結ぶということでした[23]」

ところが、日本が採用した戦略は、真珠湾攻撃によってアメリカの艦船を大量に破壊し、アメリカ国内に厭戦気分を生み出すという矛盾したものだった。

「米国の厭戦気分に期待するのなら、はじめから真珠湾攻撃のようなことをやっては問題外です。真珠湾にまで追いつめられる経緯では日本側にも言い分はあっても、あれだけ明々白々に先に手を出したのでは、どんなアメリカ人の眼にも『日本が悪い』ということが明らかなしくみになっていて、米国内のコンセンサスが崩れようがありません[24]」

日米交渉のレベルが大戦略

いまだに「日本はアメリカに勝てた」という議論をしたがる人は少なくないが、そのほとんどは、海上での艦隊決戦である程度の勝利を収めて、第三国に仲介してもらって講和をするという話におちつく。[25]
しかし、そんな構想があるくらいなら、あの時点で奇襲をかけるという決断をしたのかどうか疑わしい。というのは、開戦の決定はすでに行われていて、ハル・ノートの内容が日本にとって厳しいものでなくても、真珠湾攻撃は断行されたとみるのが妥当だからだ。
そもそも、ハル・ノートは過酷な要求をしていたというが、満洲および中国から日本は撤退せよとハル・ノートがいっているのか、中国だけからの撤退を要求していたのか、確認しないままに真珠湾攻撃は行われている。[26]
「ハル・ノートを読んでみれば明らかなように、一〇項目のなかに満洲という言葉は一度も出てこないし、中国（CHINA）という表現のなかにも『全中国』という言葉はない。だが、後述するように、日本のとくに軍部関係者は、開戦の決定の責任の一端をハル・ノートに求めようとする傾向からか、『満洲を含む全中国からの撤兵』という表現を使い、それが現在でもひとり歩きしているようである[27]」
パール判事が「小国でも立ち上がるだろう」と『判決書』に書いたことだけを根拠に、ハル・ノートの内容を苛烈なものだと論じる人は多いが、私は戦略や政治と関連付けるさい、どうもこのあたりの検証が曖昧なままではないかと思っている。
このハル・ノートをめぐる交渉と決断のレベルこそ、日本の政治方針とグランド・ストラテジーに関わるものであり、いかに下剋上で政府の決定を左右した参謀が二人ほどいたとしても、開戦の決定をしたのは彼らではなかった。

もちろん、このときハル・ノートを受け入れたとしても、いずれアメリカとの本格的な対決は避けられなかったと思われる。アメリカは野心に燃えた「拡張主義の新興国」であり、日本も規模は小さいが同じだった。長期的には日本がどこまで国力を増強できるかにかかっていたが、その時間的余裕があるか否かは、当時検討したとしても判断は難しかっただろう。

もし、真珠湾攻撃について「戦略」を問うならば、まず、そのグランド・ストラテジーとの関係を問わねばならないし、結局は日本の「政治」が何をしようとしていたのかまで遡らざるを得ないのである。

組織文化というものへの誤解

日本軍の組織は過剰適応してしまうという、『失敗の本質』での指摘は、まったくその通りだろう。しかし、それがアンラーニングを強調することによって解消すると考えていたなら、ある意味で甘すぎたといわざるをえない。

なぜなら、同書も「組織文化」という言葉を使っているように、この過剰適応は「文化」というやっかいな問題と関係しているからである。

すでに述べたように、『失敗の本質』は日本のビジネスマンの必読書とされ、事実、経営者を含めて多くの読者を獲得してきた。しかし、そのことが日本の「組織文化」を変えたかといえば、近年の日本企業の不祥事を見ればわかるように、かならずしもそうなってはいない。

そもそも、はるかに多くの冊数がビジネスマンに読まれたはずの司馬遼太郎著『坂の上の雲』は、まさに日本軍が作り上げてしまった独特の「組織文化」に見られるある側面を否定的に描いていたはずである。

詩人で人物的には魅力はあるものの指揮能力のない(とされる)乃木希典が長州閥に属するというだけで司令官となり、エリートの参謀たちが失態のたびに自己保身に走るエピソードからも、それは読み取れるだろう。

司馬自身は日露戦争を戦った時代の日本人と、ノモンハン事件以降の日本人は別の人間だと考えたがったようだが、『坂の上の雲』の時代との文化的連続性を考えれば困難な議論であり、司馬も『坂の上の雲』では連続性を示唆する内容を書いていたのだ。

意外なことに、この点についても、岡崎久彦が『二十一世紀をいかに生き抜くか』で次のように述べている。

「現在日本で最もポピュラーな通俗史観によれば、日本は日清日露の成功におごって、昭和の指導者たちが無謀な戦争を始めて滅んだことになっている。これは司馬遼太郎の罪である。……個人的能力を較べてみれば、明治のほうが優れていたなどという結論は出しようがない[28]」

この組織文化を民間に広げて考えてみれば、その共通性はもっと明らかになるだろう。『失敗の本質』をリードした経営学者の野中郁次郎氏は、日本の組織は意思決定においてトップダウンではなく、まず、根回しをするボトムアップ型であり、そのことによって「暗黙知」を組織内に蓄積していくと指摘している。

これはアメリカ型コーポレートガバナンスを採用してもあまり変わらない日本の組織文化の特質で、司馬遼太郎や半藤一利氏が憎悪した「若手将校」の専横も、現場のボトムアップ重視という組織文化を無視しては論じられない現象だろう。

そしてまた、組織内に共通認識を行き渡らせることによって、決定までの時間はかかるが決まってしまうと実行までの時間は短いといわれる日本の組織は、こうした組織文化と深く結びついている。したがって、ある意味で日本の組織文化は過剰適応を奨励してきたともいえるだろう。

組織文化は「コンテキスト」

こうした組織文化の継続は、褒められたことなのだろうか、困ったことなのだろうか。もちろん、これは褒められたことであり、同時に困ったことである。

国際政治が安定しており、外交上、些細な問題しか抱えていないなかで、最適な解決をゆっくり見出していくのには適している。しかし、国際政治が急速に変化して、外交が新局面を迎えるようなさいには、ボトムアップ型の組織は常に出遅れる危険がある。

同じことは民間企業にもいえることで、まさに経営学が分析してきたように、イノベーションがリニアに進んでいくときには、日本企業は見事に適応して高品質と低価格を同時に達成してみせる。しかし、イノベーションが飛躍した場合、まさに起こるのは過剰適応とイノベーションのジレンマ（過度な技術の高度化は市場において必要とされなくなる現象）から生じる組織的な不適合である。

こうした危機が生み出すのは「組織文化そのものを改革する」という幻想である。近年の例でいえば、日本企業はこれまでの日本的経営をすべて捨ててアメリカ型コーポレートガバナンスに移行すべきだという議論が広まった。

その動きはかなり活発になった。たとえば「社外取締役」の導入でいえば、アメリカの場合には経営陣への株主からのチェックが任務とされるのに対して、日本の企業では社外取締役を導入すると「気づかなかった点を指摘してもらえるので勉強になる」という評価が一番多いということになる。[29]

ある企業経済学者は「そんなことならアドバイザーを雇えばいいことで、なにも社外取締役の制度を採用する必要はない」と指摘しているが[30]、まったく正しい。社外取締役は株主による経営の監視が任務だが、それがうまく機能しないのはアメリカも同じなのだ。それを無理に採用して、事後的に日本的な理屈をつける必要はないのである。

こうした幻想に対抗するには、企業組織研究者の沼上幹氏が論じてきたように、カタカナのコンセプトを振り回せば危機から脱出できると考えずに、組織というものの根本に立ち戻って、どこに不都合が生じているかを突き止め、ひとつひとつ対応策を考案していくことであろう。[31]

この場合でも、やはり組織文化について「戦略的」に考えることが必要である。ただし、戦略家のファン・クレフェルトや戦争史家のジョン・キーガンのように戦争文化がすべてを支配すると決定論的に考えるのではなく、むしろ、コリン・グレイのように「文化は織物のようなものでありコンテキスト」だという認識に立つべきだろう。

私たちは、織物のような文化のなかで戦略を立てていくのであり、そこから逸脱することはできない。しかし、その織物に十分に馴染むことによって、その織物を有効に用いる柔軟な独自の戦略を作りあげることができる。逸脱したときには一見新しい戦略が可能になったような気がするが、結局は長続きせずに破綻することになる。

この点については、改めて論じることにしたい。

第四章

地政学から戦略論へ

地政学ブームは何をもたらしたか

すでに第一章で、岡崎久彦の『戦略的思考とは何か』が、その論理構成上の土台として、古典的な「地政学」を採用していることは示唆しておいた。同書に見られた決定論的な傾向は、まさに地政学そのものだった。しかし、昨今の異様な地政学ブームのなかで、そもそも「地政学」というものがいったい何なのか曖昧になってしまった。

たとえば、船橋洋一氏は『21世紀　地政学入門』のなかで、「世界は再び、地政学の世界へと引き戻されつつある」と指摘し、次のように述べている。

「地政学的リスクとは、地理と歴史のような変えようのない要素、さらには民族と宗教のような変えにくい要素が、国の戦略や外交に大きな影響を及ぼし、それが国家間の摩擦をもたらすようなリスクのことである」[1]

たとえば、石油や希少資源のような、その土地、その場所でしか産出できないものとか、人口のように、変わるとしてもきわめて長期的で緩慢なプロセスをへるものも、地政学的な要素として考えねばならないという。

なるほどと思わないでもないが、それならば一九九〇年代初頭に旧ソ連が崩壊し、中東の情勢が急変して湾岸戦争が起った時代というのは地政学的なリスクが高まっていなかったのだろうか。そんなことはない、まさに地政学的な世界だったのである。

船橋氏の「地政学」とは、地政学の再興者であるニコラス・スパイクマンの考えかたに似ていないこともない。スパイクマンは地政学の始祖であるハルフォード・マッキンダーの基本的な概念を維持しながらも、次のように論じていた。

「国土のサイズは（他国と比較した場合の）『相対的な国力の強さ』に影響を及ぼすし、天然資源の存在は『人口密度』や『経済構造』（この二つは政策の形成には欠かせない要素になる）に影響を与える」[2]

また、歴史学者・山内昌之氏との対談本『新・地政学』のなかで佐藤優氏は、「考現学としての地政学」と題した「まえがき」で、現実の国際政治を論じるための方法論としての地政学の必要性を次のように語っている。

「地政学は、地理的要素を考慮しながら、政治について考えるというアプローチだ。ここで言う政治は広義の概念で、そこには民族学（文化人類学）、歴史学、哲学、宗教学、経済学なども含まれる。学知全体に通暁し、類い希な綜合力を持つ山内昌之先生の力によって、二十一世紀の『新・地政学』が、見事に言語化された」[3]

マッキンダーの「地政学」

佐藤氏はスパイクマンの系譜をひきながら地理学的要素をより強調しているロバート・カプランの『地政学の逆襲』をあげているので分からなくはないが、分からないのはそれを「考現学」

と呼んでいることだ。
佐藤氏は「真理は具体的だ」と考えるので、地政学は考現学だと述べている。今和次郎《こんわじろう》に始まる「考現学」は風俗学あるいは風俗誌に近いので、いまの地政学ブームを風俗的なものだと皮肉っているのかとも考えたが、むしろ、ヘーゲル的な、真理は現実に現れるという意味らしいと了解するまで時間が必要だった。

地政学という言葉を冠する最近の刊行物のなかでもっとも地政学的なのは、兵頭二十八《にそはち》氏の『「地政学」は殺傷力のある武器である。』である。興味深いのはマッキンダーについて詳論していながら、マッキンダーの地政学にはロシアは出てきても中国がないことから、中国に関する地政学を「補完」せざるを得なくなっていることである。[4]

恣意的に「地政学」という言葉を使っている例を並べていくと、ますます混乱するだけなので、ここでマッキンダーの地政学について簡単にまとめておくことにしよう。マッキンダーが一九〇四年に講演した「地理学からみた歴史の回転軸」によれば、人間を支配しているのは結局は自然の力であると彼は考えたのだという。

「とどのつまり人間に動機をあたえるものは自然であって、人間ではない。つまり人間の動きを支配しているものは、大部分が自然の力である。したがって私の目下の関心事は、世界史の動因が何かというようなことより、むしろ一般的にいって自然の物理的な力がいかに人間を支配するかをみることにある」[5]

こうした発想から始まった地政学が、決定論的な色彩を強くしていることは、容易に納得できることだろう。

自然史的にみた世界史は、マッキンダーによればユーラシア大陸の中心部であるステップにおける遊牧民の勢力拡大と、それに押されて生じる周辺の定住民族との軋轢に集約されている。典型的なのがチンギス・ハーンの帝国であって、ユーラシアの中心部から起こってヨーロッパ世界にまで拡大した。

「およそこれらの例をみてもわかるように、旧世界の周辺部に属するあらゆる定住民族は、遅かれ早かれ、中央アジアのステップに由来する起動戦力の勢力拡大の動きに戦《おのの》かざるをえない境遇におかれていたのである[6]」

ランド・パワー対シー・パワーの構図

しかし、ユーラシアの中心部であるハートランド（マッキンダーは最初これをピボット＝回転軸と呼んでいた）からのこうした拡大運動に対して、大航海時代に入ると、海からの反動が始まる。

「喜望峰をまわってインド洋に出るルートの発見の意義は、これまで別々だったユーラシア大陸の東西の沿岸航路をひとつに結び合わせた点にある。もちろん、それは非常な遠回りをしなければならなかったことは事実であるが、それにしても、この発見は、少なくとも中央アジアの遊牧民族が占めていた戦略的な優位を、あるていどまで無力化する効果をともなった[7]」

マッキンダーによれば、ランド・パワー（陸の勢力）に対するこのシー・パワー（海の勢力）の隆盛を象徴するのがアルフレッド・マハンの『海上権力史論』であって[8]、大英帝国の拡大はこうした構図のなかで見なくてはならないという。

このランド・パワーとシー・パワーとのせめぎ合いは、一九世紀にはロシア帝国対大英帝国という構図をとり、ハートランドと海洋との間に位置する地域である「リムランド」の争奪戦となっていく。詩人のキップリングが皮肉な言い方で「グレート・ゲーム」と呼んだ、諜報戦を含む戦いである。

こうした見取り図を示した上で、この講演でマッキンダーが警告したのは、シー・パワーに圧倒されているように見えるランド・パワーが、いまや鉄道の急速な発達によって、戦略的な優位を回復しつつあるのではないかということだった。つまり、ロシアの強引な南下政策はその前兆であり、極東の日本がシー・パワーとしてロシアに立ち向かいつつあることを指摘して講演を終えている。

周知のように、この講演が行われた年に日露戦争が始まって、日本は善戦ののち何とか外交によって講和につなげ辛勝できたわけだが、ランド・パワーとシー・パワーの対立という構図がなくなったわけではない。その後、マッキンダーは『デモクラシーの理想と現実』を書くが、第一次世界大戦の経験をふまえて、次のように修正した。

「東欧を支配するものはハートランドを制し、ハートランドを支配するものは世界島（ユーラシ

ア大陸のこと　註・東谷）を制し、世界島を支配するものは世界を制する」[9]

さらに、前出のスパイクマンは、このマッキンダーの議論を基礎にしつつ、第二次世界大戦中に『平和の地理学』（邦訳『平和の地政学』）を著して、ナチス・ドイツ対民主主義勢力の構図を説明した。この構図は、第二次世界大戦後にソ連対アメリカの冷戦を説明するものとなった。スパイクマンは論じている。

「歴史的に見ても、ハートランドから外側に向かう強烈な軍事的・政治的圧力は常に存在していた。……近東地方ではロシアがインド洋への到達をめぐって、トルコやイギリスと争っている。第二次世界大戦後には、ロシアと中国が新疆省と外モンゴルをめぐって争うことになるはずだ。……実際に、リムランドのある外側へ拡大しようとするロシアの動きは、戦後処理の過程の中で深刻な懸案事項の一つとなるだろう」[10]

地理は戦略のひとつの要素にすぎない

こうした自然史的な決定論は魅力的なだけに、当然のことながら、多くの要因を考慮して国際関係を論じようとする政治学にとってはいかがわしい擬似科学に見えた。たとえば、冷戦期にアメリカのリアリズム国際関係論を主導したハンス・モーゲンソーは、『諸国間の政治』のなかで激しく地政学を攻撃した。

「地政学は地理的要素を絶対的なものとして主張する擬似科学であり、地理的要素が諸国家のパワーを決め、結局は運命を決定づけるとする。その基本的な概念は空間である。しかし、その空間は静態的なものにすぎない。人間が生きる地球上の空間とは動態的なものである」[11]

最近の地政学ブームのなかで、国際関係論はあまりに静態的で現実の世界を説明できず、それに比べて地政学は動態的に論ずることができるなどと主張されているのは、モーゲンソーの見解からすれば皮肉な現象といえるだろう。

とはいえ、戦後、地政学という言葉はゲルマン民族の「生存圏」を正当化するナチスの「地政学（ゲオポリティーク）」を連想させるため、英語のジオポリティックスであってもタブー視される時代が続いた。

ジョフリー・スローンとコリン・グレイによれば、グレイが一九七七年に『核時代の地政学』を刊行するまで、英語圏ではインドでの一件を除けば、地政学という言葉をタイトルに使った本はなかった。ところが七九年にヘンリー・キッシンジャーが著作でジオポリティクスという言葉を使って以降、それはひとつのファッションとなったという。[12]

グレイはそうした「地政学コンプレックス」を逆手にとって、「避けられない地理」という奇妙な題の論文で、戦略論において地理を無視することはできないと論じている。

「1　すべての政治は地政学である。

2　すべての戦略は地政戦略である。

3　地政学は環境あるいは『地勢』として、客観的に『いたるところに』ある。

4　地政学は『我々の内部』、まさにここに、イメージされた特別の関係として存在する」[13]

したがって、戦略を考えるさいに地理的要素を論じるのは当たり前であり、それどころか大きな要素なのである。

「つまりは、次のような明瞭な認識をする必要がある。すべての政治的事項は特別な地理的コンテキストのなかで生じる。言い換えれば、それらは地政学的なディメンション（位相）を持つということである」[14]

揚げ足取りと受け取る読者もいるかもしれないが、「ネオ・クラウゼヴィッツ主義者」を自他ともに認めるグレイは『現代の戦略』や『カオスの戦略』などで、戦略を考えるさいの要素を全部で一七あげている。地理的要素もそのひとつという考え方なのである。

したがって、グレイが「地政学」を述べるさいも、それは自然史的な決定論ではなく、彼が考える戦略理論のひとつの、しかし、欠くことのできない重要な要素のことなのである。ちなみに、フォン・クラウゼヴィッツ自身が地理的要素をどのように述べていたかといえば、やはり重視しながら、ひとつの要素にとどまるものだった。グレイはいう。

「戦略にはいくつもの、多くの――正確にいくつかは問題ではないが――要素あるいは位相がある。クラウゼヴィッツは『戦略の要素』が五つあると述べている。彼は、精神的、物理的、数学的、地理的、統計的の五つを指摘していた」[15]

地政学が陥る硬直性

クラウゼヴィッツやグレイを引用しているのは、何も権威にすがって地政学（ゲオポリティーク）の呪いを脱しようという魂胆があるわけではない。すでに第一章で見たように、岡崎久彦のように「戦略」を論じていながら、その実、イデオロギーといってよいような地政学で議論を進めることを回避したいからである。

岡崎の場合、ロシア対アングロ・サクソン、実はマッキンダー流のランド・パワーとシー・パワーの対決という構図を、「戦略的思考」という決定論として日本国民に提示し、冷戦が予想に反して早期に終焉したことで理論的に破綻した。

その後、中国の台頭があったことで、ロシアのかわりに中国をアメリカに対する挑戦者と位置付けることができたが、冷戦期と同じ従米思想を説くにあたって、地政学から勢力均衡論へと転向せざるを得なかった。

また、すでに述べたようにブームとしての地政学は単なる「ファッション」でしかなく、これまでの国際関係論や地域研究に新しい衣装をまとわせているにすぎず、従来の地政学の議論を続けようとすれば、かなり無理な修正をほどこさざるを得ないのである。

いま中国がアメリカに対して挑戦者となっていると覇権国家遷移論で論じることは可能だが、では、その挑戦者とは地政学的には何ものなのだろうか。二〇世紀になってアメリカのパワーに挑戦したのはドイツが二回と日本が一回ということになる。ドイツはランド・パワーかもしれないが、日本はシー・パワーではなかったのか。

日本はシー・パワーのときは民主主義的で、そうでなくなったときはランド・パワーだと説明するのは(事実、岡崎はそうした)、あまりにも無理があり、理論の破綻以外の何ものでもないだろう。しかし、岡崎や他の地政学信奉者および利用者が一九八〇年代に声高く論じ、そしていまだに固執しているのはこうした硬直した世界観なのである。

興味深いのは、岡崎の『戦略的思考とは何か』をもっとも激しく批判した永井陽之助は、東工大退官記念論文集の『二十世紀の遺産』に寄せた「二十世紀と共に生きて」のなかで、現代はグノーシス主義の時代だと論じ、そのひとつとして岡崎の地政学をあげていることである。

グノーシスとは古代キリスト教の異端に現れた二元論的な傾向だが、ここでは従前の世界像を別の方法で探求したときに見えてくるものが本当の世界だと主張する思想一般をさしている。永井は現代のグノーシスとして第一に構造主義、第二に新ダーウィン主義、そして第三に地政学をあげて、次のように述べている。

「第三が、国際政治や戦略論の次元での、地政学の復活、流行である。ソ連の膨張主義が、ローマ帝国以来の陸上帝国のもつ地政学的慣性によって決定されたものとみなすのは、その好例である。わが国でも、日本の防衛は、日本をとりかこむ外的環境の拘束のみならず、日本のとる外交姿勢や戦略的選択などの主体的対応いかんによっても変わるということを否定し、日本のおかれた地政学的位置によって決定されている、と主張するのはその好例である」[16]

興味深いことにこの論文集には岡崎も寄稿しており、再びパックス・アメリカーナの意義を強調している。

それはともかくとして、では、このグノーシス主義は、永井には無縁だったのだろうか。そうではあるまい。永井もまた経済と技術の達成が従来の国際政治を変えてしまったというグノーシス的認識に陥っていたのである。

経済や技術もまた戦略のひとつの要素

戦略を考えるさいに障害になるのは決定論的な地政学だけではない。一九八〇年代というのは、何度振り返ってみても日本にとって奇妙な時代であり、いくつもの幻想が「新時代」との認識の下に繁茂していた。むしろ、永井が取り込まれてしまった経済至上主義こそが、この時代の最大の幻想でありグノーシス（認識）だった。

すべてを経済および技術によって解釈してしまうという誤りは、まさに永井が推奨してやまなかった「吉田ドクトリン」とその信奉者において甚だしかった。しかし、経済を第一義として思考するかぎり、そもそも日米開戦など起こりようがなかった。

石橋湛山が「大日本主義の幻想」のなかで指摘したように[17]、中国大陸における経済的権益よりも日米貿易における利益のほうがはるかに大きかったからである。しかし、それは起こってしまった。

戦略あるいはグランド・ストラテジーのレベルで、経済あるいは技術はひとつの要素でしかない。地理的条件がそうであるように、それは大きな要素ではあるが、他の要素を消し去るような要素ではないのである。

ここで前出のコリン・グレイが『カオスの戦略』において掲げている一七の戦略における要素について見ておきたい。グレイは戦略論において要素あるいは位相として先行者が提示したものを取り上げながら、次のように一七の位相を整理してみせている。

「A　人間および政治

1　人間　2　社会　3　文化　4　政治　5　倫理

B　戦争の準備

6　経済および兵站　7　組織（防衛計画）　8　軍政（雇用、訓練、調達）

9　情報および諜報　10　理論およびドクトリン　11　技術

C　戦争そのもの

12　軍事作戦（戦闘パフォーマンス）　13　指揮（政治的および軍事的）

14　地理　15　摩擦および偶然　16　敵　17　時間[18]」

こうした一七の位相を提示しながら、グレイは次のようにコメントしている。

第一に、戦略の位相は、分析上は区別されるものだが、実践においてはポジティブにもネガテイブにも影響しあってシナジー（相互干渉）を生み出す。第二に、これらの戦略における位相はたがいにヒエラルキー（階層）を形成しない。「実践においても階層的な秩序はありえない」[19]

気をつけなくてはならないのは、この位相というのはあくまで「戦略」のなかでの位置づけであり、たとえば戦略と作戦、あるいは戦略と戦術との関係を論じているのではないということである。

グレイは『戦略の橋』や『戦略と政治』において、戦略と政治との関係はあくまで手段と目的との関係として考えており、政治の目的を作戦・戦術レベルにつなげる「橋」としての役割を戦略と位置付けている[20]。

戦略史の入門書である『戦争・平和および国際関係』においても、「三つのキータームである戦術、作戦、戦略の意味とそれぞれの違いをはっきりさせることが、理解のうえでぜひとも必要である[21]」と述べていることは強調しておくべきだろう。

戦術が戦略を超えないことの意味

クラウゼヴィッツは『戦争論』のなかで、「戦術と戦略を区別することは今日一般的習慣となっている」と書き始めて、その根拠を皆が明瞭に知っているわけではないのに、あたかも当然であるかのように区別すると指摘し、「この根拠はまさに大多数の人々に使用されているもののなかにこそある」と断じている。

「したがってわれわれの区分によれば、戦術とは一戦闘中における戦闘力使用の学問であり、戦略とは戦争目的遂行のための数戦闘を使用する学問である」[22]

もちろん、新クラウゼヴィッツ主義者のグレイにおいても、この区別は明瞭である。ただし、「戦争、戦略、そして政治に対するクラウゼヴィッツ式のアプローチは、たしかに正しいのかもしれないが、それでも本書では『戦争とは他の手段をまじえて行なう政治的関係の継続以外の何ものでもない』という見解には満足していない」[23]と書いたことがある。

そしてまた、グレイは『カオスの戦略』のなかで、前出の一七にわたる位相を提示しつつ、そこには他の位相の欠如に対する他の位相の「埋め合わせ」が行われうると述べているので、戦略のなかの一項目が他の欠如をおぎなっていれば「逆転」を生み出すというアイディアをいだく人たちがいても不思議ではない。

事実、私たちもミッドウェー戦を振り返りながら、ここでもし戦闘目的が明確にされてさえいれば、太平洋戦争における戦局全体が変わっていたかもしれないとか、レイテ湾に栗田艦隊が突入していれば勝てないまでもみじめな敗北はまぬがれたのにと思うことは多い。

しかし、実はこうした「死んだ子の歳を数える」ことを回避するためにこそ、クラウゼヴィッツ式の戦略と戦術の峻別はあるのかもしれない。そうでなければ、戦略を担当する司令官は常に僥倖と免責を期待してしまうだろう。

『失敗の本質』においてミッドウェー戦を日本軍の組織的敗北と記述するのはおそらく間違ってはいないだろう。しかし、秦郁彦氏にいわせると日本側に「少なくとも五つの決定的ミス」があったとされるこの戦いを、アメリカ軍の組織的卓越性によって達成されたと考えるのは過剰な解釈、あるいは結果から原因を論じるものといえる。

それと同じような過剰解釈が、同じ執筆グループによって編まれた『戦略の本質』においても繰り返されているように思う。同書について私は、「逆転の本質」のほうがタイトルとしてふさわしかったと書評で書いたことがあるように[24]、この本は連合軍や毛沢東による逆転を可能にしたと思われる戦闘を取り上げて高い評価を与えるものだった。

しかし、たとえばスターリングラード戦を第二次世界大戦の転機をもたらした決定的な戦いとするのはあまりにも旧ソ連的な解釈にはまっていると思われるし、この戦闘を戦略の失敗を「埋め合わせる」ことができた例とするのは過剰解釈であろう。

「劣勢な兵力によって戦略持久が可能なためには、戦闘の様相を転換しなければならない。従来と同じルールで戦えば、必然的に資源の豊富な側が勝利を収める。

スターリングラード防衛軍のチュイコフ中将は、こうしたルールの転換によって、ドイツ軍の強みを封じ込め、同時に自軍の弱みを強みに転化する戦法を必要とした。……

ここに戦略と組織との優れた連動を見ることができるであろう。それは、逆転を可能にするための組織的なイノベーションのプロセスでもあった[25]」

しかし、スターリングラード戦そのものがヒトラーの戦略的な大失態であり、それはほとんど気まぐれという非合理的なモチーフによって行われた。カフカス攻略とスターリングラード攻略との二本立てという「目的を曖昧にした」、戦略的にはまったくの愚策だった。つまり戦術レベル以前に作戦そのものの成功の可能性は低かったのである。

逆転もまた戦略による

では、ヒトラーのドイツ軍側にどのような戦略上の失態があったのだろうか。

まず、ファン・クレフェルトが『補給戦』で指摘しているように、ドイツ軍は鉄道が利用できない東部戦線に対して自動車による行軍に転換せざるをえなかったため、補給は最初から絶望的なものだった[26]。その意味ではドイツ軍は資源が豊富とはいえない。

また、これはリデルハートが『第二次世界大戦』で指摘しているが[27]、東部戦線は道路がないためキャタピラ付きの車両でなければ進軍できなかった。そして、ドイツはそれを増産する経済力を欠いていた。

さらに、この戦いの歴史的な意味については、ヒトラーの「天才」をまったく認めていないA・J・P・テイラーが[28]、『第二次世界大戦』という一般向きの本において、「スターリングラードの戦いはしばしば第二次世界大戦の決定的な戦いであったといわれているが、おそらくそうではなかったであろう[29]」と述べている。それは象徴的な意味にとどまるというのだ。

そもそも、『戦略の本質』が述べる「ルールの転換」とは何かといえば「絶えず敵の至近距離に自軍を配置するという戦法」を採用したことだというのだが、これは損耗率を無視して自軍の兵士を囮《おとり》につかったということであり、そうすることで生まれた「時間」と「地理」の優位性によって包囲のための戦力を、補給が途絶えたドイツ軍の背後に展開したということである。[30]

戦略の検討において倫理や道徳に引きずられることは、選択肢を狭めることになるから重視しないというのもひとつの姿勢だろう。しかし、ソ連の戦闘においては、第二次ノモンハン事件であきらかなように、兵士を装甲車や木に鎖で繋ぐというような非人道的な方法を採用することも辞さなかったのである。

そのこと自体は、戦略は倫理道徳を問わないという姿勢を貫けばそれまでだが、半面、日本軍に対しては白兵戦を繰り返したことを非人道的だと暗に批判しているというのは、ややバイアスのかかった二面価値性ではないかと思われる。[31]

そして何より奇妙なのは、第八章の「逆転を可能にした戦略」で、それぞれの戦闘における「戦略構造」が掲げられているが、これが「大戦略」「軍事戦略」「作戦戦略」「戦術」の構造をなしているとしている点だ。戦略を三つに割っていること自体が問題のある行為というべきだが、そのなかでの「作戦戦略」の位置づけが恣意的である。

一般的な「構造」でいえば、政治・大戦略・（軍事）戦略・作戦・戦術となるべきところに、戦略と作戦の関係を曖昧にする作戦戦略を挿入することで、戦略上の不利も戦術次第で逆転できることにしているのだが、戦略論の常識からすれば非常識としか思われない。

「戦略の水平的ダイナミックスは、作戦レベルでドイツ軍の攻勢を逆用し、戦術レベルでドイツ軍の強みを封殺した点によく現れている。垂直的ダイナミックスについては、ドイツ軍の強大な兵力（特に空軍力と機甲）という軍事統合レベルの優位と、兵器の優秀さという技術レベルでの優位を、ソ連軍は作戦戦略および戦術レベルでの発想転換と優れた実践によって封じ込めたことが指摘されよう[32]」

しかし、ドイツ軍の強大な兵力は、兵站が続かないことによってすでに破綻は予告されていた。作戦と戦術によって戦略のレベルを「逆転」する以前に、ヒトラーの異様な「才能」である気まぐれと、参謀たちのお追従によって、ドイツ軍の大戦略は崩壊していたのである。

このように作戦と戦術において「がんばれば戦略的な劣勢も逆転できる」あるいは「作戦は戦略といえる」と将校に教えることは、太平洋に派兵した日本軍に白兵戦を繰り返させた愚行と同じものではないのだろうか。

現在の日本の場合、まだそれが「経営方針の誤りも現場の地道な努力で何とかなる」という企業戦略のレベルにとどまっているので、一企業の破綻ですむかもしれないが、それが一国の戦略に浸透すれば、国民全体を再び悲劇に導くことになるだろう。

地政学とドイツの生存圏

地政学についての批判から始めたこの章を終えるまえに、付け加えておきたいことがある。ひとつは、ほかでもないドイツの「地政学」であり、もうひとつはマッキンダーの地理学ときわめて類似する、梅棹忠夫の『文明の生態史観』から派生した「政治的生態史観」についてである。

ナチス・ドイツのゲオポリティークは、周知のようにハウスホーファーによるゲルマン民族の「生存圏（レーベンスラウム）」として論じられた[33]が、しかし、それは自然科学を偽装した擬似科学そのものといってよかった。

ただし、それが政治学や公法学によって、ナチス・ドイツによるヨーロッパの秩序形成論である「広域圏（グロスラウム）」論として知的装飾をほどこされると、かならずしも空理空論とはいえないものとなる。

公法学者カール・シュミットは、「広域圏」を世界規模で普遍的な歴史的事実として論じた。彼はヒトラーの政権成立以前には、ワイマール共和国の崩壊を阻止するために、憲法第四八条の非常事態条項を強調して大統領独裁を支持した[34]が、ひとたびナチス政権が生まれると、こんどは具体的秩序思想を掲げて広域圏を法学的に支えようとした。

シュミットによれば、世界のそれぞれの地域で主導的な国家が「広域圏」を形成するのは世界秩序形成に必要なことであり、アメリカのモンロー主義は、南北アメリカ大陸を統合しようとしているゆえに「広域圏」のひとつだということになる。そしてまた、アジアにおいては日本が「アジア・モンロー主義」を推進しているというわけである。

「一九三九年四月二十八日の指導者（ヒトラー）の声明はこれらすべての混乱を一撃にして粉砕し、モンロー原則の本来の思想の再生への途を拓いた。……これは諸大圏域相互間の平和的・協調的な表現であり、モンロー原則を曇らせていた経済帝国主義のもたらした混乱を除去するものである[35]」

世界を図式的に分割してしまうこうした世界観による世界勢力の抗争は、一九五四年の小著『陸と海と』において、欧米の地政学（ジオポリティックス）との接点を見出した。娘に語る話として書かれたロマンチックな味わいのあるこの論文で、シュミットは世界史を「陸の勢力と海の勢力との抗争」として描き、海の勢力が勝ったと見なされるとき、その抗争は次の段階である宇宙へと進むと示唆している。

「すべての基本秩序は空間秩序である。一国あるいは一大陸の憲法が問題なのはそれがその国あるいは大陸の基本秩序、ノモスとみなされるからである。ところで真の、本来的な基本秩序というものの核心は、一定の空間的な境界と境界設定、地球の一定の尺度と一定の分割に存する[36]」

こうした空間分割と抗争の歴史について、戦後のシュミットはもはや読者に積極的な参加をうながしはしなかったが、海洋勢力が大陸勢力を封じるというマハンの思想について述べ、アメリカによる海上支配を論じながら、新しい空間分割がすでに始まっていることを予告している。

シュミットは新しい空間観念が次の世界分割の抗争を生み出すと述べて、過去については戦後、『大地のノモス』を書いて、ヨーロッパにおける空間秩序の形成と崩壊を描き出した。[37] シュミットはあくまで法秩序について論じていたが、自然史的な発想を政治に翻訳するには社会科学か人文科学の介在が必要なのである。

しかし、もちろんのこと、将来における空間分割がどのように展開するかを予言できるはずもなく、われわれがそこから政治や戦略を構想するのは新しい神話を創造するのに等しい。

文明の生態史観と「政治的生態史観」

マッキンダーに見られた、ユーラシア大陸の空間的な構造が歴史を動かすという自然史的な思想は、日本ではまったく独立に一九五七年に梅棹忠夫によって「文明の生態史観」として論じられた。

こういえば梅棹ファンの顰蹙《ひんしゆく》を買うだろうが、「ハートランド」「アウターコンチネント」「リムランド」という地理的な世界理解と、梅棹の「第一地域」「第二地域」「中間地帯」といった生態学的把握がまったく無縁なものだというほうが無理だろう。同じ空間を対象としているからである。

ただしマッキンダーが、ユーラシアの中央部分は常に外に向かって拡大し、海洋側からそれに対抗する力が働いているという構図を描いたのに対して、梅棹はユーラシアのステップにおいて帝国が興亡を繰り返し（第二地域）、その周辺部である西ヨーロッパと日本において洗練された文明が蓄積され（第一地域）、中間地帯である東ヨーロッパと東南アジアは繰り返し帝国に侵食されて小国が興亡する緩衝地帯だったと論じた。[38]

かつて、ソ連が近代化を遂げた最先端の社会主義の「祖国」であるという神話が生きていたとき、梅棹の議論は反動的なものとされ、近年、ユーラシアの代表的な「帝国」である中国が高度な経済成長を実現したとされた時期にも、彼の「文明の生態史観」は輝きを失っていた。

しかし、ソ連が崩壊したのちに「プーチン帝国」が生まれ、中国経済が急速に後退して独裁的な「習近平帝国」だけが目立つようになると、ユーラシアの歴史を三つの部分に分割する「文明の生態史観」が再評価されてもよい趨勢となっている。それどころか、この世界観にもとづく戦略すら可能だと思う人が出てきても無理はないだろう。

いまのところ、そうした新しい試みはないが、実は、政治学において梅棹の生態史観を応用しようとする試みが行われていた。

元京都大学教授で東南アジアが専門の矢野暢《とおる》といえば、いまでいうセクハラ疑惑の末にヨーロッパで客死するという数奇な人生によって記憶にとどめられているが、その学問的な最盛期において、東南アジア研究に生態史観を導入した。

『中央公論』一九七九年八月号に寄稿し、「脱アジアのすすめ」と題された「『文化的共鳴』の理論」は、東南アジアにおける混乱と日本との摩擦を前提として、それぞれの国家には長い時間をかけて育ててきた文化があり、その文化が「共鳴」しないと関係は円滑に進まないと論じて、日本企業の安易な東南アジア進出ブームに一石を投じた論文だった。

このなかで矢野は、この「文化的共鳴」がいかに微妙なものであるか例をあげつつ論じ、最後に福沢諭吉の「脱亜論」を引用して新脱亜論を唱えた。その論文にアジアとの「共鳴」の困難を指摘した、次のような文章が見られる。

「日本のもち備えるさまざまな文化要素は、意外なほどアジア社会とは『共鳴』をみせない。あるいは、『共鳴』をみせたとしても、それはあまりさえない意外なかたちでしか現象化しないのである。日本がアジアとの『文化的共鳴』ということを意識したうえでの国づくりをしたためしがない以上は、というより、日本が、そもそも『文明の生態史観』的にいって、アジアの一部でない以上は、それは当然であるかも知れない[39]」

この時代にもあった「アジア主義」などに見られる、センチメンタルな日本＝アジア一体論を鋭く批判していたから、納得した人も少なくなかった。そしてまた、矢野が本格的な「文明の生態史観」に基づく政治学を書く期待が読者に生まれた。

自然史理論と戦略との間

それは『中央公論』一九八一年八月号に寄せた「政治的生態史観のすすめ」として実現したかに思えた。梅棹が日本の戦後について多くの「予言」をしたように、矢野もここで日本の将来について日本人が納得できる予測をしてくれることを読者は望んだ。

　しかし、矢野は「文明の生態史観」にみられる地域の分類とは異なる視点が必要だといいだして、クリフォード・ギアツの文化人類学などによって、異質な地域のコミュニケーションを論じ、次のように結論づけている。

「わたしたちに可能な選択はなにか。それは、ひとつには、このまま『固有体制』として外国が了解できない固有原理に居直り続け、ほかの大国の普遍主義的理念によって《安堵》され続ける道である。もうひとつは、日本の歴史的体験をみつめ、いまの世界史的状況を直視し、そして日本社会の徹底した合理化と、とくに経済体質の国際化を図ることによって、わたしたちの思考様式、価値観、表現様式、要するにわたしたちの言語様式を、ここでいう普遍言語の域にまで高める道である。どちらが望ましい選択であるかは、いうまでもないことであろう」[40]

　矢野本人によれば、この論文は「論壇的反響も大きかった」という。そうなのかもしれない。しかし、梅棹の「文明の生態史観」に見られる、未来の予言を可能にするような自然科学的な構造論もなければ、以前の「『文化的共鳴』の理論」にはみられた、日本文明の孤立性を受け入れる思い切りのよさも消えてしまっている。

　おそらく矢野にしてみれば「生態史観」と謳ってはみたものの、政治学には自然科学的な法則性も周期性も期待できない以上、「もっと精緻な理論的体系にまとめあげたい」と思って当然だっただろうし、押しも押されもしない「経済大国」に相応しい調和的なポリシーも提示したかったのだろう。

ここで注意を喚起しておきたいのは、地理学にしても生態学にしても、巨視的な議論をするさいに見せる切れ味は、政治や戦略に応用しようとしたとき、そのほとんどは失われるということである。

それは当然のことだろう。私たちの未来を見通す力はせいぜい二〇年とみてよい。いや、二〇年どころか五年先のことも分からない。いっぽう、地理や生態学から得られる知見は数百年のサイクル、あるいは千年単位の現象であって、そんな長期の時間のなかで自分たちの行為の意味を把握するための能力は与えられていないからである。

もし、地理や生態学が実現してくれているように思える切れ味や予言性を実践においても維持しようとすれば、それは単に空しい決定論に堕するか、貧弱な妄想に近いものになってしまうということである。

覇権国家遷移論の魅力と困難

戦略と巨視理論との交点には、もうひとついわゆる覇権国家遷移論がある。歴史を振り返ればそれぞれの時代に世界をリードする大国があり、その国が覇権国となったのには十分な理由があるというわけである。

そこまでは私も興味をもって話を聞くが、さらに踏み込んで「だから次の覇権国はこの国だ」とか、「したがってアメリカの覇権は揺るがない」とか、果ては「ということは次の覇権国は日本になる」とか言い出すと、それはもうメガロマニアック（誇大妄想）と呼ぶべきものだと思われる。

政治学において覇権国家遷移論として知られたものに、ジョージ・モデルスキーのシステム理論がある。モデルスキーは『世界システムの動態』のなかで、世界は大国によってリードされ、リードする世界大国とその挑戦国とのサイクルによって歴史は描かれてきたと論じて注目された。

第一サイクルはポルトガルとスペインとの抗争であり、第二サイクルがオランダとフランス、第三サイクルが英国とフランス、第四サイクルが英国とドイツ、そして第五サイクルがアメリカであり、アメリカは英国と同様に第六サイクルでも世界大国を担っていくという予測を立てた。[41]

ここでいう世界大国とは、①好ましい地理性、島国の選好性、②凝縮的で、開放的で、同盟が可能な社会、③指導経済、④世界大に達する政治・戦略組織の四つの条件を満たしている国であるとし、アメリカについては大きな島国であると見なした。[42]

これとやや似た発想なのが、歴史家のポール・ケネディによる『大国の興亡』だが、ここでケネディは、ハプスブルク家スペイン王国、オランダ、ブルボン家フランス、ナポレオン帝国、オーストリア帝国、イギリス帝国、ドイツ帝国、日本、アメリカ合衆国、ソビエト連邦の大国がつぎつぎと興亡したという。[43]

ケネディが話題になったのは、ちょうどアメリカ経済が不調になり、日本経済がバブルで膨らむだけ膨らんでいた時期だったので、アメリカは帝国が陥る「オーバー・ストレッチ」（拡大過剰）で衰退しつつあり、日本がその次の時代を担うなどという話がまことしやかに語られた。

いまもこうしたモデルスキーやケネディの覇権国家遷移論をふりまわして、日本が次の覇権国家だと断じる評論家が存在する。しかし、こうした覇権国家遷移論は欧米中心主義であり、ヨーロッパがまだ貧しい辺境だった時代にイスラーム圏にいくつもの巨大で豊かな帝国が登場したことや、東アジアにおいて莫大な富を集積させた中華帝国が繰り返し興亡したことなどまるで視野に入っていないか、せいぜい「例外」として片づけてしまうのである。

実践において意味のない問題設定

そんなものは歴史などではなく、ただの偏った誇大妄想だということに気づかないだけなのだが、受け売りで論じる人間はこの世界の秘密を握った少数の人間なのだと思い込んでいる点で、地政学ですべてを解釈できると信じ込んでいる論者と実によく似ている。

地政学では中国がリムランドでしかないのに、悪の帝国に仕立て上げるためにハートランドが拡大していると述べる論者がいるが、そんなことをすれば〝心臓肥大〟となってハートランドの意味がなくなってしまう。世界システム論でもアメリカが巨大な島国だったり、オランダが半島で島国的だったりするというご都合主義が行われている。

たとえば「この世は四角と丸で出来ている」と論じて、「三角がある」と言われれば「三角は一辺が極端に短い四角なのだ」といっていれば論理は破綻しないように聞こえるだろう。しかし、それでは理論を立てる意味がなくなる。

　歴史と政治におけるサイクルということでいえば、おそらく中国の王朝サイクルがもっとも法則性を備えており、ほぼ二〇〇年から三〇〇年ごとに王朝が興亡すると唱える研究者は多く、中国の未来を予測することが可能であると思いたくなる。

　たとえば、金観濤と劉青峰の『中国社会の超安定システム』は、コンパクトな本ながら、システム理論によって数千年の中国の歴史を分析し、皇帝を中心とした官僚制によるイデオロギー国家という構造的に変わらぬ姿を描き出している。

「その樹立、発展から隆盛に向かい、危機、動乱、崩壊に至るまで、中国の封建王朝においては、二、三百年をへだてるごとに激しい大動乱が発生している。旧王朝が滅び、新王朝がこれに取って代るが、そこには時間的に見て一種の周期性が現れている[44]」

　おそらく、中国史に周期性はあるに違いない。しかし、そうであるとして、いまの中央委員会総書記を中心とした共産党組織によるイデオロギー国家、あるいは赤色王朝はいつ次の王朝へと遷移するのだろうか。始まりが一九四九年だとして崩壊は二一四九年だろうか。それとも二二四九年なのだろうか。

　ここでも巨視的で長期的なパースペクティブは、その切れ味のよさによって眺める者をして感嘆の声をあげさせるに十分だが、しかし、これからの戦略を立てるには、あまりにも茫漠としていて、政治的な行為にとってはあいまいなイメージしか浮かび上がってこないのである。

第五章

政治が戦略を決める

戦略は政治を戦術につなぐ「橋」

これまで、最近の地政学ブームと一九八〇年代の戦略論ブームを批判的に検討してきた。ようやくここで、戦略そのものを語ることができる。しかし、すでに読者は気づいておられるだろうが、戦略を語るにはその上に位置づけられる政治について知らなくてはならない。

さまざまな批判を受けながら、クラウゼヴィッツの「戦争とは他の手段をもってする政治の継続にほかならない」という言葉は、いまも繰り返し論及される。「すなわち戦争は単に一つの政治的行動であるのみならず、実にまた一つの政治的手段でもあり、政治的交渉の継続であり、他の手段による政治的交渉の継続にほかならない」[1]

なかには、戦争を否定して平和を愛するから、私には政治は必要ないという人がいるかもしれない。しかし、平和とは単に戦争ではない状態にすぎないのだから、平和を愛するのであれば、戦争を中止させるためにも、政治を前提としなければならない。

クラウゼヴィッツに従うなら、政治が戦略を決めるのであって、なんらかの戦略からの反作用（たとえば「垂直的ダイナミズム」とか）によって、戦略を政治の主人にするということはないのである。クラウゼヴィッツはこうした議論についてクギを刺している。

「個々の場合にわたって戦争が政治的意図にたとえどれほど強く反作用を及ぼしたにしても、その反作用は常に政治的意図に対して修正を加える以上のことができるはずのものではない。というのは政治的意図とは目的であり、戦争はあくまでも手段だからである。目的のない手段などとはおよそ考えられないことを見ても以上のことは明らかであろう」[2]

念のために述べておくが、クラウゼヴィッツを批判して、戦争は政治の手段ではなくそれ以上のものだという主張は、たとえばジョン・キーガンの『戦争の歴史』(邦訳は『戦略の歴史』だが、勝手な変更には批判が多い。戦争と戦略はもちろん違う)に見られる[3]。

しかし、この指摘は、ときとして戦争が政治目的を左右することがあるという指摘をしているのであって、そのときは当然のことながら、戦略は失敗しているのである。

戦争は政治の延長であり、戦争が手段であるかぎり戦争を遂行する戦略は政治目的によって決まる。もし、戦略が政治目的を大きくそれるようなことがあれば、たとえ戦争に勝ったとしても、戦略的には失敗しているのである。

コリン・グレイはこのことを繰り返し自著で主張してきた。たとえば『戦略の橋』のなかでは次のように比喩的に述べている。

「戦略の機能は、目的と行動との懸隔に架橋することであり、いっぽう、その役割は、敵が想定している方針から、その行動を変えさせるのに必要な効果を生み出すことにある。この橋の上に立つ戦略家が果たすべき第一の役割は、国家の資源をマネージして、敵や敵対者をコントロールする有効な手段を実現することなのである」[4]

ただし、グレイは『戦略と政治』のなかでは次のように語っている。

「政治は戦略に目的を提供し、いっぽう、戦略は政治に目的が達成されるための実践上の方途を提供する。この二つの重要な概念の間の関係は、まさに完全な相互依存的なのである」[5]

実際、戦略の決定が政治に影響することがある。たとえば、第二次世界大戦時に司令官であるアイゼンハワーが採用した戦略は、間違いなくルーズベルト大統領の政治に影響を与えていた。「ここでの私の目的は、理論的には截然と分けられた戦略理論のカテゴリーが、歴史上の実践においては、他のカテゴリーの行為のなかで、あるいは他のカテゴリーの行為から、浸透を受けることを説明することなのである」[6]

しかし、こう述べているグレイは、その「浸透」がカテゴリー間の構造を変えてしまうとはまったく言っていない。この浸透が起こるのは、政治も戦略も人間が行うことであるため、理性だけでなく感情にも支配されるためだが、しかしそれが、政治と戦略の基本的な関係を変更することはないのである。

戦略を考えるさいの「政治」とは何か

では、現実においては戦略に「浸透」されることはあっても、理論的には戦略に「目的」を提示する政治とは何なのだろうか。戦略の領域に踏み込んだとき直面する戸惑いもさることながら、「政治とは何か」あるいは「戦略に関係する国際政治とはどのようなものか」、それを探索し始めると、もはや無秩序のなかに入っていくようなものである。

というのも、「国際関係論」と呼ばれるようになった国際政治の理論は、いまや百花繚乱といった状態だからである。類似の理論とみえるものでも、そのイデオロギー的な基盤までみていくと、ひとくくりにすることは不可能であることが多く、一般的な見解を見出すのはほとんど絶望的だといえるだろう。

クラウゼヴィッツは「戦略においては一切が極めて単純であるが、だからと言って一切が極めて容易であるわけではない」[7]と述べたが、その戦略に目的を与える政治とはいかなるものかを詳細に語ろうとはしていない。プロシャの参謀であったクラウゼヴィッツにとって、政治とはヨーロッパ諸国の利害調整と割り切ってしまうしかなかったからだろう。[8]

アメリカの戦略家であるジョセフ・ワイリーは、太平洋戦争の戦略策定者であり、鋭い洞察を見せる『戦略論の原点』の著者でもある。同書でワイリーが行ったのは、「戦略」という領域が、あたかも相対的に独立しているかのように論じることだった。[9]それが彼の書くものに鋭さをもたらすと同時に、物足りなさを感じさせるもととなっている。

しかし、私たちが戦略を考えるにさいしては、戦略に目的を与える政治こそが第一の問題として浮上してこざるをえない。そもそも、戦略を論じる現代の理論家たちは、同時に政治理論家でもなければ、一貫した議論をすることは不可能だろう。

さて、それではどのような政治の把握の方法があるというのか。

この問題には、政治学者たち自身が悩んできた。その結果、居直ったわけではないだろうが、このような国際政治の理解に違いがなぜ生まれるのかを考察するようになった。英国の政治学者マーティン・ワイトは『国際理論』のなかで、トマス・ホッブズ（あるいはマキャベリ）の世界観とフーゴー・グロチウスの世界観とイマヌエル・カントの世界観を比較して、この三つが「国際関係思想における三つの伝統」であると論じた。

ホッブズ型は「万人に対する万人の闘争」と述べたように、敵対する国家から成り立つ世界を前提にするという意味で「現実主義」。グロチウス型は、国際法による秩序を目指すことから「合理主義」。カント型は、武装を放棄した諸国がひとつの政治秩序を作りあげることを目標とすることから「革命主義」と呼ばれている。

「国際的現実主義は社会学的な用語で、国際的合理主義は目的論的用語で、国際的革命主義は倫理・規範的用語と命令形で、国際関係を描き出す傾向がある。これが三つの伝統の総合的な外観である[10]」

この三つの分類と似ているものに、政治学者アレキサンダー・ウェントが『国際関係の社会理論』のなかで提示した、ホッブズ型、ロック型、カント型の三類型があるが、ウェントは国際関係思想というよりは、世界史においてそれぞれの国家がどのような世界観によって政治文化を育んできたかを考察している[11]。

この場合、ホッブズ型の文化は「敵」との闘争がその中心であり、ロック型の文化は「ライバル」との競争、そしてカント型の文化は「仲間」との共生ということになり、したがって、国際政治に対する姿勢も異なってくるというわけである。

付け加えておくと、キッシンジャーは主著ともいうべき『外交』において、アメリカの外交を動かしてきたのはセオドア・ルーズベルト型の現実主義とウッドロー・ウィルソン型の理想主義であり、この二つがいまもアメリカ外交の根底にあると指摘している。[12]

現実主義の戦争と理想主義の平和なのか

こうした図式的な分類など、実際の国際政治においてはまったく意味がないと思う人がいるかもしれない。しかし、少なくとも欧米においては、国際関係が緊張してくると、こうした文化や世界観が行動原理として姿を現すことがある。

たとえば、二〇〇一年の九月一一日にニューヨークの国際貿易センタービルやペンタゴンがアルカイダの攻撃を受けたさい、アメリカのブッシュ政権は急速に戦争に傾き、アフガニスタンに続いてイラクにも攻撃をしかけた。このとき、ブッシュ政権の外交を支配したのが「ネオコン」と呼ばれる政治思想で、ネオコンの政治評論家ロバート・ケーガンが二〇〇三年に刊行した『ネオコンの論理』は世界中で読まれた。

ケーガンは同書のなかで、イラク戦争に同意しないフランスとドイツを念頭において、ヨーロッパがカント的な世界観にひたって戦争を忌避しているのに対し、アメリカはホッブズ的な世界観によって世界の秩序を維持するために戦争をしていると論じた。

「現状は皮肉に満ちている。ヨーロッパが権力政治を拒否し、国際紛争を解決する手段としての軍事力の役割を軽視しているのは、ヨーロッパにアメリカ軍が駐留を続けている事実があるからなのだ。ヨーロッパがカント流の永遠平和を実現できるのは、アメリカが万人に対する万人の戦いというホッブズ流の世界の掟に従って軍事力を行使し、安全を保障しているときだけである」[13]

ネオコンすなわちネオ・コンサバティズムという思想は、もともとトロツキストだったアービン・クリストルなどが唱えたものだが、その大御所とされたレオ・シュトラウスとは決裂して[14]、自由と民主主義による世界変革を論じるようになっていた。シュトラウス自身はギリシャ古典の研究を続け、自由の思想を重視したが、それを無理やり世界中に押し付ける思想には同意しなかった。

アメリカの政策にとって決定的だったのは、ネオコン的な思想に影響されたブッシュ政権が、イラク攻撃を足掛かりに、中東に自由と民主主義の国家を定着させようと考えたことである。その結果、大量破壊兵器をもたないイラクのフセイン政権を、大量破壊兵器の保有を理由に打破したものの、戦後のイラクの秩序は回復されずに、ついには「イスラム国」の台頭を呼び込むという惨憺たる事態となっている。

それまでネオコンの一人だったフランシス・フクヤマは「歴史の終わり?」でソ連と東欧圏の崩壊により自由と民主主義が勝利し、ヘーゲルが述べた「歴史」は終わったのだと論じたが[15]、二〇〇五年の『岐路に立つアメリカ』ではブッシュ政権のイラク攻撃を批判して、自らはネオコンからの離脱を宣言してしまうという椿事を引き起こした。[16]

ネオコンの動向を見ていると、ホッブズ的な世界観の持ち主であるネオコンが戦争を引き起こしたように思えるが、このネオコンを最も激しく批判したのは、アメリカのリアリストあるいはネオリアリストと呼ばれる現実主義の政治学者たちだった。イラク攻撃など中東の秩序を破壊するだけであり、無謀で無益な戦争だと彼らは論じたのである。

現実主義者と理想主義者の逆説

このときイラク戦争を批判したリアリストやネオリアリストには、ケネス・ウォルツ、ミアシャイマー、スティーヴン・ウォルトなどがいるが、彼らに共通しているのは勢力均衡による抑止の思想であり、何らかのイデオロギー的な理想主義による国際政治は秩序を破壊するという考え方である。

かつてベトナム戦争のさいに、ケネディ政権やジョンソン政権の戦争を激しく批判したのも、当時のリアリストの大御所であるハンス・モーゲンソーであり、アジアの勢力均衡を破壊するのは得策ではないと論じたのだった。

こうして見ると、ホッブズ型の世界観をもったリアリストやネオリアリストたちのほうが戦争を回避しようとする傾向が強いわけで、ネオコンなどは名前はコンサバティブだが、自由と民主主義を世界に実現させようとするその思想は、むしろ理想主義あるいは革命主義の傾向が甚だしかった。

ホッブズ自身がそうであったように、世界を「万人の万人による闘争」として見る現実主義者は、そこから完全な秩序を作り出すことは困難なので、何らかの手立てを用いて次善の状況を実現させることを考える。それに対して「人間は仲間だから分かりあえる」と前提する理想主義者は、正義をかかげて理想の実現のためなら戦争も厭わないという傾向が強くなるのである。

私の友人にワシントンで活躍している国際政治アナリストがいるが、帰国したさい、「日本で私はリアリストですというと、好戦的な人間と思われるのでうんざりする」と述べていた。たしかに日本でリアリストというと、非人間的なリアル・ポリティクス（権力政治）の体現者のように聞こえてしまう。

しかし、アメリカにおいて平和愛好者で「リベラル」を自称する人たちは、どちらかといえば好戦的に見える「リアリスト」を嫌い、本当は戦争も厭わない「リベラル」な政治学者を支持しがちである。むしろ、「現状は皮肉に満ちている」のはこちらのほうだろう。

先走って結論からいえば、リベラルで理想主義的な傾向のある政治学者は、ある意味で欺瞞的にならざるをえない。自由と民主主義を実現するためには戦争も厭わないとなれば、その理想のために理論上、ごまかしが入り込むことも厭わなくなるからである。

そうした傾向を普段から目撃していない日本人の場合、教養のある人でもほとんどが「リアリスト＝好戦主義者、リベラル＝平和主義者」という図式を信じ込んでいる。これはおそらく、日本が平和主義の憲法をかかげていることと無縁ではないだろうが、それ以前に、歴史的現実を正しく認識することがおろそかになっているのである。

米国の「リベラル」における権力観

戦後の長い期間、日本のアカデミズムとマスコミにおいては、アメリカの国際関係論といえば民主党系のリベラル派が主流であるかのように語り、リアリスト派の議論はまるで汚いものであるかのように扱ってきた。アメリカでは影響が大きかったリアリストの代表ハンス・モーゲンソーの主著が岩波文庫に入ったのは、ごく最近のことである。[17]

すでに永井陽之助について述べた章で指摘したが、永井が「リアリスト」と呼ばれていたことからも分かるように、日本のマスコミでの国際政治論は、リベラル派でも少し剛直なことをいえばリアリスト派であると見なされ、一般の読者もそれをほとんど疑わなかった。

米国のリベラル派の論者がどのような世界観に立ち、どのような論理構成を行うのかはここで論じる余裕はないが、現代リベラル派を代表する国際政治学者であり政策策定者でもあるジョセフ・ナイについて少しだけ述べておくことにしよう。彼はロバート・コヘインなどとともに、国際社会の「相互依存」についての理論を打ち立てたとされ、相互依存の推進によって戦争は減少させることができると論じて注目された。[18]

しかし、ジョセフ・ナイと聞けば「ソフト・パワー」を思い浮かべる人が多いだろう。このソフト・パワーという言葉を考え出したナイはアイディアマンではあるが、しかし、ソフトと付いているからといって、彼が考えているパワーが柔らかいものだとはかぎらない。

日本では竹中平蔵氏などが「日本はソフトを世界に輸出するソフト・パワーで経済改革を進め、世界経済に地位を確立する」などと論じたので、ソフト・パワーというのは新しい商品のことかと思う人すらいるが、それはナイが論じた意味とはまったく異なっている。

このソフト・パワーという言葉がナイの著作に初めて現れたのは、ソ連と東欧の崩壊が起こった一九九〇年の『指導を義務づけられて』（邦訳『不滅の大国アメリカ』）である。そこでは、次のようにソフト・パワーを説明していた。

「他国を自国の望むように説得する行動のパワー、文化的魅力・イデオロギー・国際制度といったソフト・パワーは新しいものではない。大戦後の初期において、ソ連同盟は共産主義イデオロギー、歴史的必然という神話、国際共産主義組織といったソフト・ウェアから多大の利益を得ていた[19]」

この部分を読めば明らかなように、ナイのいう「ソフト・パワー」とは、軍事力というハード・パワーを補うためのイデオロギーや組織における戦略のことだった。この戦略について、ナイは後に『国際紛争を理解する』（邦訳『国際紛争』）という教科書のなかで、もっと分かりやすく通俗的な表現で次のように言い換えている。

「一〇代の子供を持つ両親は、子供たちの信条や嗜好を作りあげておけば、両親のパワーは積極的な行動に出るよりもずっと強力になるし、また、長続きすることになる」[20]

このソフト・パワーは、「ソフト」な印象を与えたせいか一般の人たちにも知られるようになったが、その本当の意味を知っている人は少なかった。しかし、専門家はこの概念に注目するだけでなく、ずっと露骨な表現を与えることもあった。

たとえば、リベラル派の国際関係論者ウォルター・R・ミードは『パワー、テロ、平和そして戦争』のなかで、ソフト・パワーのひとつである経済外交をスティッキー・パワー（粘着力）と名づけて、次のように極めて趣味悪く論じた。

「スティッキー・パワーは軍事的強制力ではないし、また、意志の単純な押しつけに依存しているわけでもない。それはあたかも食虫植物がいい匂いというソフト・パワーで袋のなかに虫たちを誘い込むようなものだ。しかし、いったん虫が袋に入ったが最後、粘液にくっつけられて脱出できなくなってしまうのである」[21]

国際組織や国際制度というソフト・パワーについては、やはりリベラル派の代表的な国際政治学者G・ジョン・アイケンベリーが『アフター・ヴィクトリー』において制度とパワーについて論じている部分を読んでおいても損はない。

「現在、米国パワーを体現している指導者たちは、国際制度によって実現されている抑制とコミットメント履行に対し、反撥を示す。しかし、こうした指導者たちは、制度が持つこうした特徴こそ、米国のパワーを今日われわれが目の当たりにするような、『耐久性』に富み、各国から受け入れられるものにしたという事実を直視すべきではないか？」[22]

つまり、国際連合やＩＭＦといった国際機関（ナイに言わせればソフト・パワーのひとつ）を使ったからこそ、いまのアメリカの一極支配も可能になったというわけである。

リアリストの世界観と勢力均衡

ナイやアイケンベリーの言うことも一見もっともなのだが、前提としているのがアメリカの圧倒的なパワーであり、そのパワーの本質についてリベラルあるいはネオリベラルの国際関係理論はあまり関心をもたない。

もっと正確にいえば、関心はもっているのだが、アメリカの圧倒的なパワーは、あたかも永遠に続くかのように見なしている。それはアメリカが「指導を義務づけられて」いるという、アメリカ例外主義と理想主義に根差したものだからである。

それに対してリアリストおよびネオリアリストの世界観はまさに現実主義的であり、アメリカの例外主義という観念を排除はしないものの、かなり注意深く扱っている。私はこちらの考え方により共感を覚えるのだが、それはリアリストの世界観が好ましいとか麗しいと感じるからではなく、より現実の世界に近く、それゆえにより大きな悲惨から遠ざかるからに過ぎない。つまり、ポジティブに好むのではなくネガティブに受け入れるのである。

リアリストの世界観に触れるには、なんといっても前出のハンス・モーゲンソーが書いた『諸国際の政治』(初版は一九四八年、邦訳『国際政治』)を読んでみることだろう。

私は大学時代に政治学を専攻したので、国際政治の授業にも出た。担当教授はまさにモーゲンソーの信奉者で、講義のほとんどはモーゲンソーの『諸国間の政治』の祖述に費やされていたが、そのときにはモーゲンソーの重要性にまったく気づかなかった。

すでに翻訳が出ていたと思うが、ケネス・トンプソンが校訂をしている第四版の原書を買ったのは、三〇歳をすでに超えたころで、某出版社で働いていたが貧乏で、原書を買ったのは翻訳本よりずっと安かったからにすぎない。昼休みに喫茶店で読んでいたら、同僚の女性に「なんでそんなものを読んでいるの」と聞かれたことがある。簡単に説明したところ、その女性は不愉快そうな顔をしただけだった。

「国際政治とは、すべての政治と同じように、権力を求める闘争である。国際政治の究極的な目的が何であろうと、権力は当面の目標でありうる。政治家も民衆も究極的には自由や安全や繁栄あるいは権力そのものを目指すのかもしれない。……しかし、彼らが自分たちのゴールを国際政治を通じて実現しようと闘うときにはいつも、彼らは権力への闘争によってそれを実現するのである[23]」

たしかに、若い女性と話すときにはこんな話題はあまり魅力的でないかもしれない。とくにモーゲンソーの場合には、政治的闘争の根底には人間の闘争心が横たわっていると考えるので、そんな話をしたら興醒めになるに決まっている。

リアリズムからネオリアリズムへ

モーゲンソーの本で強調されているのは「バランス・オブ・パワー（勢力均衡）」であり、それを実現することだけが世界の秩序を維持するとされていた。そのためにバランス・オブ・パワーの概念が説明され、そのいくつものパターンが分析され、さらにはバランス・オブ・パワーの限界についても触れられていた。

「Aによって脅威を受けたBは、潜在的にAに脅威を受けているC、D、そしてEと連合して、Aの意図をくじこうとする。ポリュビオスはローマとカルタゴ、そしてシラクサのヒエロンとの関係を分析するさい、この構図のエッセンスに目を向けるよう論じている」[24]

こうした記述はきわめて分かりやすく、平易に書かれた教科書なので、当時の英語力でもなんとか読めたのを覚えている。実はモーゲンソーの場合、もっとも異論が多いのは、その前提となっている、すべてが「権力を求める闘争である」という考え方なのである。

そんなことは当然じゃないかという読者もいるだろう。それはフリードリヒ・ニーチェの受け売りじゃないかという哲学好きの人もいるかもしれない。しかし、日常生活を振り返ってみれば、何か目的をもつ人の皆がみな目を血走らせて権力を求めているかといえば、かならずしもそうではないことに気づくだろう。

ニーチェ主義者は「だから現代人は堕落したのだ」というかもしれないが、ニーチェがいうような、ギリシャにソクラテスが現れる以前でも、また、ヨーロッパ世界にキリスト教が蔓延する以前でも、すべての人間が権力を求めて闘争しているという前提は怪しげだったのではないか。そして、この「権力への意志」からの説明は、それが国家レベルでも個人レベルでも同じだと考えるから矛盾を来すのではないのかと考えるのは、そんなに不自然なことではない。

ケネス・ウォルツが最初の著作『人間、国家、そして戦争』の元になる論文を執筆したのは一九五四年だった。大学院生だったウォルツは、国家間の戦争という現象が生まれるのは、人間個人にそうした本能があるからでも、国家そのものに戦争のための軍隊があるからでもなく、国際社会というシステムに問題があるからではないかと考えた。

「国際システムを理解することだけが、あるいはその欠落を理解することによってのみ、諸国家の指導者たちが、伝統的な道徳を軽視した行動をとらざるを得なくなる理由が分かる。そのときのみ、人びとは戦争が生まれるプロセスを理解し、また、正しく評価することができるのである[25]」

ウォルツは、人間のレベル、国家のレベル、国際社会のレベルそれぞれと、各レベル相互の関係を検討して、戦争が生まれるのは国際システムに原因があるからだと論じるに至ったのだが、興味深いことに、この段階では政治思想を丹念に解釈することからこのような議論をしていた。

その後、ウォルツは経済学のモデルを応用したり、社会学の構造の概念を適用することで国際システムと戦争との関係を解き明かして、一九七九年に『国際政治の理論』を発表したときには国際関係論の世界に大きなインパクトを与えた。[26]

この本は「今世紀最大の業績」とまでいわれると同時に、激しい論争の書となっていくのだが[27]、ここで注意を喚起しておきたいのは、戦争をめぐる国際政治について、客観的なレベルにおける理論によって論じる道を開いたことである。

もちろん、そのこと自体についても論争が続き、さらに、ネオリアリズムを批判しつつネオクラシカルリアリズムが登場するなど、枝分かれはしていくものの、ウォルツのネオリアリズムがなければ現代の戦略論もありえなかっただろう。

ネオリアリズムと戦略論

何よりウォルツの国際関係論は、核戦略時代におけるバランス・オブ・パワーを論じたことによって、戦略論に対して多大な貢献をしたが、そのことについては章を改めて検討することにして、ここでは戦略論における政治の位置づけをもういちど振り返っておきたい。

これは大戦略つまりグランド・ストラテジーのレベルとなるが、B国の政治家が国際情勢について情報収集を行い、A国が密かにB国に圧力をかけて小さな島を自国に併合しようとしているとしよう。このときB国の指導者は次のように考えるだろう。

B国にとってA国は、軍事的にも経済的にも大きすぎるから、威嚇をしても逆に攻撃されて戦争になるだけだ。しかし、小さいとはいえ島を奪取されると、防衛上不利になるだけでなく国内政治においても支持を失う。

それならば、近隣のC国、D国に連携してもらうだけでなく、遠方ではあるがE国という大国にも我が国の方針を支持してもらおう。そうすれば、我が国を中心とする同盟とA国との勢力はバランスするから、ここに勢力均衡が成立して、A国は圧力をかけるのを当面は断念するだろうし、戦争をしてまでも島を取りたいとは思わないだろう。

ここに働いている戦略思想は、モーゲンソー的な「権力への追求」でも、ウォルツ的な「システムの形成」でも同じく同盟戦略ということになる。しかし、A国の中に生じている動機について情報が得られない場合であっても、システム的に危険が生じるとの予測が可能であれば、同盟戦略への試みはなされることになる。

このような状況において、政治的な目的と戦略が採用する作戦は、A国の指導者がもっている野望や性格から判断して決定されるのではなく、客観的な国際システムの崩壊の危機とその阻止あるいは修正というレベルで遂行可能となる。

もちろん、このさいにA国の独裁的指導者はかねがねB国の小島を個人的にリゾートにしたいと望んでいたとか、A国の軍部がレーダーの設置場所として最適という判断をしているとの情報があればさらに判断は確実なものとなるだろう。しかし、そのさいにも根拠の優先順位は構造から心理へと進むのであって、その反対ではない。

構造と心理の相克なのか

もちろん、ここには構造と心理という、社会科学ではおなじみの対立構造が登場するわけであり、いずれの側が優先するかという永遠の問題が横たわることになる。文化人類学でも、ある民族においてはなぜ「交叉いとこ婚」が採用されるのかという問題に対して、レヴィ＝ストロースは構造だと答え、ホーマンズとシュナイダーは心理だと論じた。[28]

これはもう一度触れることになるが、キューバ危機における米ソの指導者の決定を、グレアム・アリソンは『決断の本質』で「合理的要素」「組織的要素」「政治的要素」の三つを同時に考慮する方法をとった[29]が、ウォルツはこのなかで理論と呼べるのは「合理的要素」だけであって、他は外交術に属すると批判した[30]のは有名である。これはあきらかに構造を優先して心理を二次的なものとする姿勢といえる。

イラク戦争がまだ開始されていないとき、積極的リアリズムのジョン・ミアシャイマーは、米国・イラク双方にとって戦争の合理性は認められないとして、開戦はないと予測した。しかし、戦争は起こった。中野剛志氏は米国政府もイラク政府も合理性は維持されたが、ただひとりブッシュ大統領において非合理性が発揮されたがゆえ開戦に至ったと論じて[31]一部で話題になったことがある。

もちろん、リアリズムに完璧な未来予測の力などあるわけがない。これは指導者の性向のために政治目的が非合理的であったということで、少なくとも目的の実現は困難が予測されるとはいえる。事実、そのために延々と作戦がおこなわれ戦術が考案されたが、イラクおよび中東を自由と民主主義の地域にするという、ネオコン的な非合理的目的は達成されていない。

政治目的が最初から破綻していれば、戦略がいかに有効な作戦と戦術を提供しても実現はむずかしい。しかも、アメリカのイラク占領のように、バース党を解党して軍隊も解体するという方法では、秩序を維持することは最初から不可能だった。[32]

国際社会を権威のないアナーキーな社会としてとらえ、それが国家を単位とするプレーヤーによって形成されていると考える構造的リアリズムでは、プレーヤーはまず合理的に行動しようとすることを前提としている。しかし、合理的に行動しようとすればすべての紛争が消滅するわけではないし、個人や国内の非合理的な要素が、国際社会における国家の非合理的な行動を生み出すことを否定するわけではない。

ウォルツは『人間、国家、そして戦争』のなかで、すでにこうした事態が起こることを予想しているし、そのことから生じる戦争の原因についての論争も、三つのレベルにおいて論じられることは予測ずみのことだった。

ネオリアリズムは確かに理論を重視しすぎる嫌いがあるかもしれないが、その理論が合理性を前提としたものであり、国際システムの構造を対象にしたものであれば、それが達成不可能な政治目的を積極的に称揚することはあり得ないだろう。

この意味での政治が、積極的な目的を提示したときの成否は大戦略および戦略が、いかに有効な作戦と戦術を繰り出せるかにかかってくる。つまり、ここから戦略論へと移行できるということである。[33]

第六章

グランド・ストラテジーと歴史

戦略なのか大戦略なのか

ここまで政治と戦略との関係を見てきたが、読者は「政治などコロコロ変わるのだから、戦略もコロコロ変わってしまうのではないか」と思ったかもしれない。たとえば、英国の指導者がネヴィル・チェンバレンであったときにはナチスに対して宥和政策で臨んだ。ところが、ウィンストン・チャーチルに変わったらナチスに対して激しく攻撃したのである。

英国の場合、長い間、外交や軍事は「ハイ・ポリティクス」と呼ばれて、あくまで政府の管轄事項とされ、議会は直接かかわることができなかった。[1] 国内政治が激しく動く場合でも、ハイ・ポリティクスはその国の「政体」に属し、あるていど一貫したものであることは可能だった。

しかし、自国の政治システムが変わる場合や、隣接する地域の秩序が急変するような状況においては、このハイ・ポリティクスを政治が大きく変えてしまうことがある。それは英国の歴史をみてもわかる。前章では政治と戦略との関係を検証したが、本章では政治と戦略との間に位置づけられることが多いグランド・ストラテジー（大戦略）について考えてみよう。

英国の戦略史家ウィリアムソン・マーレーは、論文集『グランド・ストラテジーの形成』に寄せた「グランド・ストラテジーの思想」のなかで、フランス大革命をきっかけに「大衆政治」が登場したことによって、ヨーロッパのグランド・ストラテジーは変容を余儀なくされたと指摘している。

「一七八九年以前の数世紀、政体の性格はこの年以降と比べて（グランド・ストラテジーにおいて）大きな役割を演じてはいなかった。というのは、この年起こったフランス大革命が歴史の流れのなかに大衆政治をもちこんできたからである」[2]

つまり、ハイ・ポリティクスとして政体に属していたグランド・ストラテジーは、大衆政治のなかの議会の関与によって大きく変わり、一貫したものであることが難しくなり、そのときの世論で短期的に変動することがあり得るものとなったのである。

もうひとつ、グランド・ストラテジーを変えるものとしてマーレーがあげているのは、いうまでもなくヨーロッパの政治構造そのものの変化であり、英国にとってはヨーロッパ大陸に生じた勢力分布の変容だった。マーレーはバジル・リデルハートを引用しながら、英国のグランド・ストラテジーが第一次世界大戦でいかに大きく変わったかを論じている。

「察するに、過去において英国は、リデルハートのいう『有限責任』である戦略的方法を採用してきたといえよう。その方法とは、ヨーロッパ大陸の敵国には周辺を攻撃するにとどめ、大陸については最小限の軍事力でかかわるというものである」[3]

いうまでもなく、この戦略的方法は「オフショア・バランシング」と呼ばれるものだが、第一次世界大戦において英国はヨーロッパ大陸に派遣軍を送り込み、大量のエリートを含む死傷者を出して以降、英国そのものまでもが変わってしまったといわれる。

大戦略をもてる国ともてない国

私が初めて「グランド・ストラテジー」という言葉を知ったのは、桃井真の『戦略なき国家は、挫折する』（一九八四年刊）という、一般向けの戦略論を読んだときだった。桃井は中曾根康弘氏の顧問などを務め、当時の日本においては代表的な戦略研究家だったが、一般には女優の桃井かおりの父親としてのほうが有名だったかもしれない。

「評論家は気楽なもので、『国家戦略をもたねばならない』と言っておればよい。だがひとくちで国家戦略というが、何をさすのか、もう一つはっきりしないのだ。

仕事上、海外で学術会議や協議で専門家に会う機会が多かった。国家戦略《ナショナル・ストラテジー》、大戦略《グランド・ストラテジー》、国家政策《ナショナル・ポリシー》と言いかたはいろいろある。会うたびに聞いた答えをメモしてある。それぞれお国柄、人柄がでていておもしろい」[4]

そう述べたあと、ブレジンスキーはクレムリンにグランド・ストラテジーはないと語ったことを紹介し、キッシンジャーがアメリカに固定した国家戦略などなく、戦略は常に状況に合わせてやるべきだと述べたが、キッシンジャーは中国との国交回復を達成した後には、「中国はグランド・ストラテジーがある」と言い出したという。

右の引用のとおり、国家戦略にはナショナル・ストラテジー、大戦略にはグランド・ストラテジー、国家政策にはナショナル・ポリシーとルビがふってある。岡崎久彦の『戦略的思考とは何か』にも、もちろんグランド・ストラテジーという言葉は出てくるのだが、それは「大戦略」とだけ書いてあった。

桃井は同書のなかで、どういうわけかグランド・ストラテジーという言葉はさけて、グランド・デザインを語り、どのような国でも軍事を含めた国家目標をもっていないと行き詰まると警告を発している。

「グランド・デザインは、政治・経済・技術・軍事にたいして可能な大目標を立て、それを達成する青写真を各分野ごとに描く。これは中等国以上でないとむりである。日本にはその資格も能力もある」[5]

こう述べて、経済や技術のグランド・デザインを称揚しているが、日本の軍事における独特の「欠落」についても、章を改めて述べていた。

「日本人が、戦後、意図的に回避してきた問題、日本の軍事力と防衛問題に正しい答えを出すべきときが、すでにきているのではないだろうか。通商立国政策だけを強力に推進し、自国の経済繁栄を謳歌《おうか》するいっぽうで、世界の政治・軍事的問題の解決に、なんら貢献しようとしないのでは、世界各国の尊敬を得られる道理はない」[6]

日本は軍事は必要なく通商立国でいいという当時の風潮を批判していたわけである。この「欠落」はその後三十数年をへても埋められたとはいえない。安倍晋三政権が大きな第一歩を踏み出したといいたい人はいるかもしれないが、それがまったくの幻想であることは後の章で述べることにする。

さて、桃井は、グランド・デザインは中等国以上なら可能であり、日本にはその資格も能力もあると述べているが、これがグランド・ストラテジーとなるとどうだろうか。前出のウィリアムソン・マーレーは次のようにクギを刺している。

「しかしながら、グランド・ストラテジーとは大国の要件として問題になるのであって、それは大国にとってのみの要件である。小国や中規模国家のほとんどにとって、グランド・ストラテジーは作りあげることが不可能なものである[7]」

チャーチルのグランド・ストラテジー

前述したように、英国のグランド・ストラテジーが、リデルハートの言うように「オフショア・バランシング」であったとするなら、それを諦めざるを得なかった第一次世界大戦と第二次世界大戦では、グランド・ストラテジーがないままに戦ったのだろうか。

第一次世界大戦において英国は大量の兵力をヨーロッパ大陸に派遣したが、戦闘において大きな技術革新のあったこの戦争において英国は、ドイツ帝国との戦いに苦闘せざるを得なかった。

歴史を貫いて維持されてきた英国のグランド・ストラテジーとしてマーレーが持ち出すのは、同盟を作りあげて強敵に臨むという戦略である。

ウィンストン・チャーチルの先祖であるマルボーロ公爵は、一七〇一年からフランスと戦ったさいに、オランダと連合するという戦略を再び採用した。また、大ピットも七年戦争において同盟戦略を採用し、ナポレオン戦争のさいにも反ナポレオン勢力を糾合した。つまり、強敵に対抗するために、他の国々の勢力を糾合するという同盟戦略である。

　第一次世界大戦においても英国は、ドイツ帝国を封じ込めるために、長期戦で消耗させるために同盟を形成し、その仕上げをするためにアメリカを参戦させることに成功している。

　そして、ウィンストン・チャーチルのもとでの英国は、一九四一年から四二年までの決定的な時期に、大同盟を支えるための要となった。ナチス・ドイツとの戦いを進めるためには不倶戴天の敵であるソ連とも組むという「悪魔の選択」すらした。

「こうした歴史的な事例に、われわれは英国のグランド・ストラテジーを見ることができるのである。そして、おそらくアメリカも実際において同じであろう」[8]

　こうした同盟戦略は、英国の歴史を通じて常に姿をあらわすグランド・ストラテジーであり、それはリデルハートが称賛した、海軍を用いた周辺的戦闘を繰り返す「オフショア・バランシング」ともまったく矛盾しない。リデルハートは海上だけを見ていたのに対して、マーレーはもっと長い英国の歴史と陸上をも見ていることとの違いといえる。

　第一次世界大戦においては、英国が潜在的にもっていた組織的な特性も明らかになっている。第一次世界大戦は、まごうかたなき何度目かの「軍事革命（ＲＭＡ）」が起こった戦いであり、地上戦には戦車が登場し、空では航空戦が開始され、さらに戦闘の帰趨を決めるのは歩兵から砲兵へと変わった。

英国の派遣軍はドイツの精強な陸軍に苦戦を強いられ、塹壕戦となり膠着状態となったそれぞれの戦闘では、ドイツが有利であるように見えることが多かった。ところが、第一次世界大戦が終わってみると勝利したのは英国のほうだった。

もちろん、連合国側の勝利には、物資を大量に提供できるアメリカの参戦が何より大きかったのだが、英国とドイツの戦闘を見た場合、軍事組織において大きな違いが存在した。この組織的な違いが、勝敗にも大きな影響を与えたとコリン・グレイは述べる[9]。

ドイツの陸軍は、戦線において分断されてもそれぞれの中隊や小隊が独自の判断で戦えるように訓練されていた。それに比べて英国の派遣軍は命令系統が中央集権的であり、分断されると壊滅する危険が常につきまとった。しかし、英国の派遣軍は個々の戦闘で危機に陥りながらも作戦全体で見た場合、有効な命令が行き渡ったという。

カイザーのドイツ帝国といったイメージからすれば、ドイツ陸軍のほうが中央統制は厳しく、英国のほうが緩やかであるように思いがちだが、命令系統と情報の流れを見た場合はまったく逆であり、それが英国に有利に働いたというのである。

もし組織に体現化されたグランド・ストラテジーというものがあるとすれば、第一次大戦においては英国の組織文化が、多くの戦闘で勝利しないまでも負けない戦いを展開し、結局は戦争における勝利へと結びつけることができたことになる。

いかなる大国も歴史と地理の囚人

マーレーが、強国でなければグランド・ストラテジーは持てないと述べたことはすでに触れた。では、彼がグランド・ストラテジーを持ちうる国家というとき、どんな国を想定しているのだろうか。マーレーが編著者となっている論文集で取り上げている国は、かつてのヨーロッパの列強、ロシア、そしてアメリカということになる。

もちろん、英国、フランス、ドイツ、ロシア、そしてアメリカという大国は、それぞれ自由自在に自国のグランド・ストラテジーを作りあげたわけではない。こうした大国においても、大きな制約がいくつかあった。なかでも決定的なのは、マーレーにいわせれば二つである。「グランド・ストラテジーは、地理と歴史の囚われ人である。もちろん、この二つは密接に絡み合っているのだが[10]」

まず、地理の囚人だというのは、すでにコリン・グレイも指摘していたように、戦略論は地理を考慮するという意味で地政学的な色彩を帯びるのであって、たとえどんな大国であろうと地理的条件を超えることはできないという意味である。

「フランスとドイツにとって、ダンケルクと英国海峡は軍事作戦の限界を意味する。しかし、英国にとってダンケルクは世界の海につながっている重要な航路のひとつを意味するにすぎない[11]」

ロシアは常にヨーロッパの中心から遠く離れた文化的辺境にあると見なされてきたのであり、

また、アメリカはヨーロッパ大陸から大西洋で隔てられて、二〇世紀に入るまで世界の中心的な国家とは思われていなかった。

ドイツは中欧に位置するがゆえに、戦争となればロシアとフランスを同時に相手にせざるを得ないことは明らかで、そのためにドイツ参謀本部が編み出したのは、両面作戦をいかに迅速に実行するかという戦略だった。

こうした地理的条件をあたかも宿命的なものとして、人類の歴史そのものを形成する動因だと考えるのが、マッキンダー以来の地政学に抜きがたくある傾向である。たしかに、その圧倒的な条件が消滅することはけっしてないとしても、道路の建設など交通手段の発達によって、その比重は大きく変わると考えるべきだろう。

事実、マッキンダー自身の議論においても、ユーラシア大陸の中心部にあるハートランドが強化されるのは、鉄道の発達によって陸上の交通網が急速に発達したからだとされる。海上の交通の発達によって世界帝国を形成した英国が、ロシアは脅威になると考えたのも、条件の変化、あるいは緩和によってであることを思い出すべきなのである。

こうした変化や緩和はあるにしても、なお、地理的条件が強い規定力をもつことをもって、マーレーは「グランド・ストラテジーは地理の囚われ人である」と述べているわけである。たとえば、次のような歴史的事実は動かしがたい。

「第一次世界大戦において、ドイツはツァーの帝国（ロシア）を打ち破り、フランスにも迫ろうとしていた。このとき英国にとっては、ヨーロッパ大陸において陸軍を増員して戦争するしか他に選択肢がなかった」[12]

リデルハートの「郷愁」

すでに触れたように、戦略家として知られたリデルハートは、このように英国が第一次世界大戦において「オフショア・バランシング」の戦略を放棄して、ヨーロッパ大陸に大量の派遣軍を送り込んだことが、英国としては失敗だと批判した。

しかし、第一次世界大戦においても、第二次世界大戦においても、ドイツ軍を破って英国に勝利をもたらしたのは、大陸に派遣軍を大量に送り込んだからなのである。

歴史家のポール・ケネディは、『英国海洋支配の興隆と衰退』のなかで、英国の海洋支配は第一次世界大戦のときにすでに「行き詰まり」を迎えていたのであり、大戦間は「頽落の日々」となり、第二次世界大戦での勝利も英国海軍にとっては「錯覚の勝利」だったと指摘している。

とはいえ、それは歴史的にみれば起こりうることであって、必要だったのは英国のグランド・ストラテジーの修正あるいは再解釈だったはずである。したがってケネディは、英国は伝統的なグランド・ストラテジーから逸脱したとリデルハートが批判するのは不当だと見ている。

「この二十年あまりの間、リデルハートの戦略的診断はかなり激しい批判的なものだった。それは多くの歴史家たちが述べているように、一八世紀の戦争のやり方に対するノスタルジーを表現しているのであった。……海軍による封鎖も周辺的な作戦も、ナチス・ドイツはもとよりカイザーのドイツに対しても通用しなかった。制圧したのは（リデルハートが否定していた）フルスケールの無慈悲な費用のかかる『大陸へのコミットメント』に他ならなかったのである」[13]
もちろん、こうした歴史的事実は、リデルハートも気がつかないわけではなかった。そこでリデルハートはグランド・ストラテジーの概念を拡張することによって、その歴史的経験に応えた。ケネディがこうした経緯を踏まえて提示する、拡張されたグランド・ストラテジーの概念は、次の三つの特徴を持っている。[14]

第一に、グランド・ストラテジーとは戦時だけの概念ではなく平時にも適用される。第二に、グランド・ストラテジーとは目的と手段のバランスについてのものであり、それは戦時と平時の両方についていえる。第三に、グランド・ストラテジーの研究者は、これまでの戦史研究では扱われなかった新しい事項についても考慮しなくてはならない。

三番目の「新しい事項」として、①国家の資源をバランスよく使ったか、②戦時および平時における外交の役割が注目されているか、③国民のモラルと政治文化が、戦場および銃後においていかに戦争の目的と負担に貢献したか、の三つを検証している。

「グランド・ストラテジーの難しい点は政治にある。つまり、国家のリーダーが軍事においてもその他の分野においても、いかにしてすべての要素を国家の長期計画（戦時でも平時でも）に最も効果的に動員するかということである」[15]

歴史的な経験を柔軟に受け入れつつ、政治、グランド・ストラテジー、戦略、作戦、戦術というカテゴリーをそれぞれ適切に位置づけるという考え方は、少なくともリデルハート、マーレー、グレイなどの英国の戦略家においてはかなり共通した特色といえる。

ロシアのグランド・ストラテジー

英国の歴史的経験から見えてくる、この国のグランド・ストラテジーは、このように歴史的な経験を受け入れつつも、世代を超えたグランド・ストラテジーを形成する点にその特徴があった。ではロシアの場合はどうか、これから検討していくことにしよう。

ロシアについては、地政学に見て取れるように、「悪のピボット」としてのイメージが強い。マッキンダーの「ハートランド」にしても、司馬遼太郎の『ロシアについて』でも、ロシアは「北方の原形」として独特の位置を占めている。司馬はソ連が「ロシア」という文化人類学的な呼び方に含まれるとして、ロシアの特性をひとつのものとして語ろうとしていた[16]。

ロシアの場合、不凍港を求めての南下と同時に、攻め込まれたさいの防衛にも独特の戦略があると見られてきた。ロシアと呼ばれる地域が成り立つにいたった経緯から生まれた、独特の精神風土がその基盤にあると考えることができそうである。

ロシアについても、まずマーレーの前出論文「グランド・ストラテジーの思想」での議論を見ておくことにしよう。重要な要素として第一に挙げられるのが、地理的なものである。ロシアは広大な国土に広がるステップを抱えているため、戦時には時間を稼ぐことが可能なのだ。しかし、この広大な国土ゆえに、他国による侵略を繰り返し許してきた。

もともと、ロシアの中核をなす地域は、一二世紀にモンゴル帝国の破壊と支配をこうむり、ようやく一四世紀になってスラブ民族の国家を形成する。しかし、北方戦争を展開するスウェーデンの侵入があり、こうした中でピョートル大帝が西欧化に邁進して、一八世紀にロシア帝国は繁栄の時を迎える。ところが一八一二年にフランスのナポレオンによる侵入を受け、一九四一年にはナチス・ドイツを従えたヒトラーの侵攻をこうむっている。

こうした地理上の特質から生まれた独特のグランド・ストラテジーは、侵入者あるいは交戦者に対して有効に働いた。ナポレオンの侵入に対してロシア軍は撤退を繰り返すことでフランス軍を国土の奥深くまで導きいれ、「冬将軍」の到来によってナポレオンはモスクワ侵攻を諦めざるを得なくなった。

日露戦争のさいにも、満洲を舞台に繰り広げられた日本陸軍との交戦において、ロシア陸軍は常に決戦を避ける後退を繰り返して、停戦が成立したときにも反攻に出ることができる勢力を十分に有していた。

そして、ナチス・ドイツの侵攻に対しても後退を繰り返したすえ、ドイツ陸軍の兵站における限界と、ヒトラーの気まぐれな戦術に助けられて、ソ連反攻の象徴とされたスターリングラード戦以降は膠着状態に持ち込み、結局はヒトラーの野望はついえることとなった。

イデオロギーによる硬直化

しかし、ソ連時代には、ロシアがパラノイア的に抱いてきた、他国の侵攻に対する反動である拡大主義が露骨になり、スターリン時代にそれは強化された。

E・H・カーが『ロシア革命』で指摘したように[17]、ソ連はトロツキーの国際主義を激しく批判して「一国社会主義」に傾斜したものの、共産主義が掲げる社会主義革命を捨てるわけにはいかず、また、この「理想」は対外的なプロパガンダとしてイデオロギー戦には有効なものだった。「したがって、ロシアのグランド・ストラテジーには外部世界に対する深いパラノイアと疑惑が見られたとしても不思議ではない。このパラノイアは共産主義的なイデオロギーによって悪化の経緯をたどった[18]」

第二次世界大戦のさい、奇妙なことにスターリンは、ヒトラーがソ連に侵攻したことを正面から受け止めることがなかなかできなかったが、いったんドイツ軍との戦いが始まってからは、もはやこのパラノイアと疑ぐり深さは癒されることがなかった。

「したがって、スターリンのグランド・ストラテジーでは、東部戦線における軍事と政治の戦略を、資本主義西欧諸国との闘争のための準備と位置付けていた。ソ連にとってその闘争こそ、第二次世界大戦に続いて起こる最終的なものとされていた[19]」

こうして始まったのがアメリカとの冷戦だったが、このときアメリカは、ジョージ・ケナンが提示した[20]「封じ込め」というグランド・ストラテジーを採用した。ソ連との直接の戦争は回避し続け、ソ連内部の変化を待ったので、イデオロギー的なパラノイアは、東欧諸国の衛星国家に対する抑圧と、国内のイスラーム勢力への弾圧という形で現れた。

一九八〇年にアフガニスタンに侵攻したとき、ソ連の硬直したパラノイアは頂点に達しただけでなく、東欧諸国からの反感も加速することになった。それから一〇年を経ずしてベルリンの壁は破壊され、ほどなく巨大なソ連帝国は崩壊していくことになる。

ドイツの政治学者ウォルター・ラカーは、ソ連崩壊の直後に刊行した『スターリンとは何だったのか』のなかで、ゴルバチョフが「グラスノスチ」を始めなかったらあと五年か一〇年は続いたかもしれないと述べた[21]が、いずれにせよ、硬直したストラテジーに固執するシステムが長く続くことは困難だった。

しかし、ここで考えておかねばならないのは、果たしてソ連はロシアの政治的伝統にのっとっていたのかということである。あるいは、ソ連時代のグランド・ストラテジーは、どこまでロシアの戦略文化と合致していたのかという問題である。

外側に向かって拡大する傾向が宿命的なものであるとするなら、それはマッキンダーの地政学どおりに、海洋勢力との闘争は続くことになり、プーチンのロシアもその延長線上で理解してよいかもしれない。

しかし、ソ連時代のスターリン的なイデオロギーが、ロシアが本来持っていた、拡大と後退のダイナミズムを硬直化させたとみるなら、あまりにも宿命論的なロシアのイメージは修正されねばならない。プーチンの「帝国」はいずれだろうか。

ドイツの分裂と再生の意味

こうした地理的条件によってグランド・ストラテジーが最も大きく制約されたのは、中欧に位置するドイツだった。ドイツは、フリードリッヒ大王の時代に勢力を急伸させたプロシアを中核として一大強国に急速に成長した。

皮肉なことにドイツを強国に仕立て上げたのはナポレオンによる侵略であり、ナポレオンのヨーロッパ制覇を決定づけた、アウステルリッツの戦いの翌年に勃発したイエナ・アウエルシュテットの戦いだった。

このときプロシアはナポレオンのフランス軍に惨敗したが、その後、多くの改革を繰り返しながらドイツ系住民の多い地域を統合して近代国家に変身させ、一八七〇年にはナポレオン三世のフランス軍を撃破し、ドイツ統一を達成した。明確な目的意識にもとづくその政策は、後にフランスの批評家ポール・ヴァレリーが「方法論的制覇」と呼んだ[22]ほどである。

その最大の立役者が宰相のビスマルクであり、ドイツ帝国を強国に仕立て上げてからは、勢力の拡大を後退させると同時に、巧みな外交と国内安定化策を展開し、ヨーロッパのバランス・オブ・パワーを維持することに精力を注いだ。しかし、そこには陥穽があった。

「ビスマルクは確かにヨーロッパの地図を塗り替え、国際関係の在り方を変えたが、彼の後継者の指標となる構想を打ちたてるまでには至らなかった。そこで、ビスマルクの術策の新鮮味が次第に薄れると、彼の後継者や競争相手は、やっかいで、かつ、つかみどころのない外交への依存を弱めるために軍備を拡張し、自己の安全を図ることとした」[23]

ヴィルヘルム二世が帝位を引き継ぐと親政を目ざしてビスマルクを引退させたが、このわがまま な新帝には、ビスマルクと参謀本部のモルトケが展開していた微妙なグランド・ストラテジーは理解できなかった。

ドイツが抱える地理上の困難は、軍事戦略に典型的に現れていた。ドイツ参謀総長のシュリーフェンは第一次世界大戦のさいに、フランスを早期に撃破して西部戦線を終結させるため、実際にフランスを侵攻したが、マルヌ会戦で早くも膠着状態となり、東部戦線への急激な軍事力の移動はできなかった。

フランスを征服した後にヒトラーは中ソ不可侵条約を締結してスターリンを安心させたが、突如、バルバロッサ作戦によってソ連に侵攻した。ヒトラー自身は資源を確保しつつ大都市を占領する意図をもっていたが、戦線展開があまりに広範囲だったため兵站が伴わず、結局、ソ連に敗退することになる。

ドイツは第一次世界大戦、第二次世界大戦をへて、東西分裂の時代を迎えるが、それは米ソ対立のなかで、双方の勢力が衝突する地域に位置する国家として、微妙な役割を担うことを意味した。一九九一年に東西統一が実現して初めて、再びヨーロッパにおける独立度の高い国家として振る舞えるようになったといえる。

　もちろん、二度にわたり大戦に敗北しながら不死鳥のごとく甦った生命力に対しては、キッシンジャーのように警戒をゆるめない論者もいる。[24]また、フランスのエマニュエル・トッドは、現在のドイツを「ドイツ帝国」と呼んで経済的な専断を批判しているが、[25]それは経済的に後退したフランスのドイツへの嫉妬としか聞こえない。

　ただし、現在の地位は一九世紀的な列強ではなく、経済力を背景にしたヨーロッパ共同体のリーダーとしてのものにすぎない。たとえば核戦略については完全にフランスに依存していて、軍事を含めた十全なパワーをもっているわけではない。つまり、いまのドイツは経済力があっても、総合力では「擬似主権国家」なのである。

　もし、ドイツが「強国」としての地位を確立することを望むならば、英国のEU離脱いかんにかかわらずヨーロッパ経済をリードし、フランスとの関係を常に良好にしてEUの政治的一体化を推進しなくてはならない。フランスはまた、ドゴール時代のようなかつての栄光は忘れ去って、ドイツとの二人三脚に甘んじなければならない。しかし、それは果たして可能だろうか。

中国にグランド・ストラテジーはあるか

　前述したとおり、アメリカと中国との国交回復の立役者キッシンジャーは、最初は「中国にグランド・ストラテジーはない」と言っていたのに、中国の首脳と交流するなかで「この国には『中国』というグランド・ストラテジーがある」と言い出した。

ここでいう「中国」とは中華思想のことだろう。それはむしろ中国の政治文化というべきかもしれない。

「伝統的な世界観は秩序崩壊や何世紀にもわたる政治腐敗があっても維持されてきた。たとえ中国が弱体化し分裂しても、その中心性はこの地域の正当性の根拠であることをやめない。内部の勢力であろうと外部の勢力であろうと、統一あるいは征服した者が、世界の中心としての地位を脅かされずに、首都から全土を支配するのである」[26]

したがって、政治的にはまだ弱かった時代の中国にキッシンジャーが訪問したときも、中国政府の都合によっていくらでも待たされた。また、中国政府が提示する文書には、つねにアメリカなどの外国が中国に願い出たための処置であるという意味の文章が見られた。

最近、戦略家のエドワード・ルトワックが、中国の戦略は『孫子』の伝統にも則っていない、間違った方向へ傾斜していると批判している。ルトワックにいわせれば、中国が一九七〇年代に国際社会に復帰した当初は「平和的台頭」ともいうべき温和な姿勢だった。

ところが、「対外的強硬路線」に転じてしまい、いまや南沙諸島や尖閣諸島に見られるように、「選択的攻撃」を始めるに至っている。これは中国の戦略がおかしくなっている証拠であり、いずれ中国はその戦略的な失敗により後退せざるを得なくなるというのである。

「中国は、外国を理解できず、それゆえに外国とまともな交渉もできない。中国が『戦略』を理解できていないというのは、こういう意味である。外国の使節を招く無意味な祝賀行事は、その象徴と言える」[27]（『中国4・0』）

しかし、伝統的に中国は「外国」を理解しようなどとは思っていないし、外国の使節を招くのは何かを説得し、圧力をかけるためというよりは、世界は中国と朝貢国からなるとする「冊封体制」を固持しているからにすぎない。すべては中華思想というグランド・ストラテジーに則っているだけのことなのである。この意味ではキッシンジャーのほうが正しい。

おそらく中国は経済後退の影響で、しばらくは影響力を拡大することができなくなり、場合によっては習近平の独裁が破綻して内紛が起こるかもしれない。そうなっても、かつての文化大革命の時と同じように、朝貢国を呼んで傲慢な姿勢でもてなすという中華思想にもとづく「行事」は行うだろう。

ただし、ルトワックが指摘する、こうした中国への対応策については耳を傾けておくべきだ。ルトワックは『戦略論』のなかで、戦略においては「逆説的論理《パラドキシカル・ロジック》」に注目することが大事だと主張した。[28]たとえば、戦闘に勝てば勝つほど戦争に負ける確率は高くなり、敵の中心部に近づけば近づくほど勝利から遠ざかるという。これはナポレオンやヒトラーのロシア侵攻を思い出せば分かりやすい。

ルトワックはこの「逆説的論理」が中国にも適用可能だと述べている。

「この逆説的論理《パラドキシカル・ロジック》を中国に当てはめるとどうなるか。中国が大きくなればなるほど、日本に味方する同盟国の数は増える。日本はアメリカだけではなく、最終的にはロシアからも支援を受けられるようになるだろう。そうなると、中国が強大になってアジア地域を支配するというシナリオは全くあり得ないことになる」[29]

では、日本はどうすればよいのか。ルトワックによれば、日本は中国に対して「封じ込め」で対処し続け、ひたすら「反応」するだけでよいという。むしろ、受動的に対処して、意図的な計画は持たない方がいいとも論じている。[30]

日本のグランド・ストラテジーとは

「大国だけがグランド・ストラテジーを持てる」というマーレーの指摘に従って、現代の大国における グランド・ストラテジーと政治文化との関わりを見てきた。明らかになったのは、政治文化をコンテクストとして意図的あるいは無意識的に発揮される、一貫した戦略こそがグランド・ストラテジーだということである。

したがって、グランド・ストラテジーは政体に属するものだが、単なる政権の範疇には収まらないことが多い。こうしたグランド・ストラテジーは、今日から持ちたいといっても持てるものではなく、長い歴史のなかで半ば文化のコンテクストに織り込まれるかたちで引き継がれ、あるときに発揮されるものなのである。

では、日本にはグランド・ストラテジーはあるのか。もし、それが政治文化に基づくものだとするなら、ないというのはおかしなことになる。政治文化のない国家はありえないし、戦略文化のない政体などというのは言語矛盾だろう。

しかし、日本に関するかぎり、少なくとも戦後の日本に関するかぎり、そうした状態に陥っているということは否定できない。

しばしば、日本は軽武装でありながら政治文化によって平和を維持してきたとか、プラグマティックで巧妙な戦略によって経済に傾注して成功してきたとかいう議論が登場する。それは日本人も外国人も述べている。

しかし、それは日本人が述べているなら哀しい慰撫であり、外国人が言うのなら単なる憐みにすぎない。なぜなら、ストラテジーもグランド・ストラテジーも、独立度の高い国家だけが発揮しうるということは、マーレーの言葉を待つまでもなく当然のことだからである。

おそらく、江戸時代の徳川幕府にはグランド・ストラテジーがあった。それは「鎖国」と呼ばれるようになったが、外国との接触を最小限度にとどめて、国内の安定と平和を確保するというものだった。それは幕府によって「祖法」と呼ばれた。

ちなみに、鎖国とはまったく国を閉ざしてしまう政策だと思っている人がいまもいるが、江戸時代の幕府は、積極的に外国の情報を収集していた。西洋の文物もそれなりに国内に入っていた。問題はそれが国内の秩序に影響するかどうかだったのである。

しかし、一九世紀の後半にはこのグランド・ストラテジーは困難になっていた。世界は帝国主義時代に入っていて、すでに欧米列強は、利益が見込める弱小国を植民地にしようとしていたからである。もし、そのまま日本が鎖国戦略を続けていれば、間違いなく国内の秩序にも悪影響を与えたことだろう。

日本はこうした時代に積極的に「反応」して鎖国政策を転換し、急速に西欧化を進め、さらには帝国主義国の仲間入りを果たした。とはいえ、国際社会で戦うためのグランド・ストラテジーが、政治文化に蓄積されていたかといえばそうではなかった。だからこそ、明治以降の日本は国際社会で苦闘を強いられることになったのである。

あえてグランド・ストラテジーに類するものを挙げるとすれば、それは「富国強兵」だったろう。しかし、それは日露戦争の「勝利」によって修正を迫られたにもかかわらず、切り替えがうまくいかなかった。

この点についても、しばしば、日本人は思い上がっていたという心理的な要因ばかりが指摘されるが、やはり、この時点で形成された東アジアのパワー構造から考える必要があるだろう。「明治という国家」に見られた志のある日本人がいなくなったのではなく、構造的に日本が国際社会で果たすべき役割が急激に重くなったが、その役割を十分に担おうとするなかで「強兵」だけが拡大したのである。

ここに大東亜共栄圏を入れたい人がいるかもしれないが、それは無理筋というものだろう。この概念が開戦後に登場したということや、結局は日本の敗戦を招来したということ以上に、この思想がはたして日本の歴史や地理にしっかりと根拠をもっていたものかといえば、そうではなかったからである。

そのことは少しも恥ずかしいことではない。しかし、そのために苦闘したにもかかわらず、自らの歴史を自覚してグランド・ストラテジーについて考え、国家戦略の形成についての新たな試みを継続することを回避するようになってしまったのは屈折しているとしかいいようがない。

こうして他国のグランド・ストラテジーについて瞥見したのも、奇妙な屈折から少しでも抜け出すためのきっかけを得るために他ならない。

第七章

アメリカの戦後と核戦略

ウィルソンに代表される理想主義

「大国」のグランド・ストラテジーについて考えてきたが、最大の大国であるアメリカについては触れなかった。というのも、冷戦が終わってから、本来の意味での「大国」はアメリカだけになったともいえるからである。

アメリカは二〇世紀初頭には経済的にはすでにヨーロッパの大国を超えたといわれるが、政治的にも軍事的にも自他ともに認める覇権国となるのは、第一次世界大戦後になってからのことだった。もちろん、第一次大戦の主舞台はヨーロッパであったが、その決着をつけるにはアメリカの参戦が必要であり、このときヨーロッパ諸国に対するアメリカの優位性は決定的となった。

第一次世界大戦後、アメリカが国際政治に持ち込んだのが、「正戦」の概念だった。[1] 一六四八年のウェストファリア条約後に生まれたとされるヨーロッパ世界の近代的国際政治において、戦争はけっして悪ではなかった。それは主権国家であれば行使する権利をもつ「政治の延長」であって、勝利が正義ではないと同時に敗北も犯罪ではなかった。

パリ講和会議において、第一次世界大戦の勝者である英国とフランスは、敗者であるドイツに対して返済不可能と思えるような巨額の賠償金を要求した。それまで、ヨーロッパ内の戦争において賠償は珍しいことではなかったが、この戦争があまりにも膨大な損害を生み出したことによって、その金額も莫大なものとなった。

それだけではなかった。ドイツ皇帝のヴィルヘルム二世はすでに退位してオランダに亡命していたが、英国とフランスはヴィルヘルム二世の訴追を要求し、アメリカや日本がそれに反対するという対立が生まれた。ただし理由は異なっていた。日本は自国の天皇制度に鑑みて、元帝位者に対する断罪を憂慮していたが、アメリカのウィルソン大統領は、講和が「正義」の名において行われるべきだと考えていた。

ヴィルヘルム二世の訴追は、亡命先のオランダが引き渡しを拒否する姿勢を示したこともあって、困難を極めた。最終的にドイツの戦争責任は断罪されるかたちとなり、巨額の賠償金は、革命によって成立したドイツ帝国の承継国家であるワイマール共和国に課された。

ここで奇妙なことが起こる。アメリカのウィルソンは講和に際して、かつての諸侯による領土のやりとりとしての戦争を否定して賠償金には反対だったが、理想主義的な「一四カ条」の提案や国際連盟の提唱は取り入れられた。そのことでドイツは、戦争の責任を問われ、賠償金を課されるかたちとなったのである。[2]

ウィルソン大統領はヨーロッパでも「正義の使者」として歓迎され、パリ講和会議におけるスターとなった。実際には、たとえば一四カ条にあった「民族自決」は実行不可能な主張に終わり、国際連盟にいたってはアメリカ議会が反対したために、言い出したアメリカが参加しないという体たらくだった。にもかかわらず、ウィルソンが振り回した国際政治における「正義」だけは、このときから明確な輪郭を持ち始めるのである。[3]

アメリカの現実主義の水脈

アメリカの短い歴史において、ピューリタン的な潔癖主義と正義をかかげる理想主義は、かなり根深いものといえる。もちろん、それが国内において発揮される分には問題がないが、それまで国家の「主権」を認めてきたヨーロッパ世界の旧体制にとっては、まったく新しい思想というしかなかった。

もちろん、理想主義が政治に反映しやすいアメリカにあっても、激しい対立や武断的な伝統がないわけではなかった。もともとアメリカの理想主義は、宗教的に腐敗してしまったヨーロッパを忌避した者たちが、アメリカという国家を建設したという創世神話に根差している。したがって、モンロー主義のように、政策範囲が新大陸だけに限定されれば、理想主義は他国からの挑戦を受けずにいられるのである。

しかし、アメリカの発展は領土的な拡大を伴い、二〇世紀に差し掛かると汎アメリカ主義の範囲を超えた活動によるヨーロッパ世界との軋轢や、太平洋への進出という経験をへるなかで、ヨーロッパの国際政治観に似た思想が、深い水脈のなかから姿を現すことになる。

マッキンレー大統領の副大統領をつとめ、同大統領の急死によって大統領に就任したセオドア・ルーズベルトは、アメリカの発展時代を担った。議会でその対外強硬姿勢を「帝国主義者」と批判されたとき、ルーズベルトは「私は帝国主義者ではない。私は拡張主義者なのだ」と反論したといわれる。

日本の外交評論家や政治学者のなかには、アメリカはモンロー主義の国だから国際政治の舞台にとどめておくのは難しいと嘆く人がいる。そして、二〇世紀初頭に帝国主義的な性格を帯びた時期もあったが、以降はむしろ内向きの力が強く働いているなどという。それがブキャナン主義であり、最近ではドナルド・トランプの主張なのだという。[4]

しかし、モンロー主義とは「ヨーロッパには干渉しないから、ヨーロッパはアメリカの汎アメリカニズムにも干渉するな」というものである。一九世紀末から二〇世紀初頭にかけて、マッキンレー大統領以降は、帝国主義的な性格や（セオドア・ルーズベルトのいう）拡張主義的な性格が強まっていったのは明らかだった。

そうでなければ、一八九八年からの米西戦争を開始するはずもなく、同年のハワイ併合を断行することもなかっただろう。また、一八九九年から一九一三年まで続いた米比戦争を起こしてフィリピンを植民地化するはずもなかった。そして、第二次世界大戦のさいに日本と死闘を繰り返し、結果的にアジアにおける権益を英国から奪取することもなかっただろう。

こうした時代の先駆者であるセオドア・ルーズベルトは、ハーバード大学を卒業後、ニューヨーク州選出の下院議員となるが、米西戦争のさいには辞職して陸軍士官として自ら兵隊を率いてキューバで戦ったという、ちょっと変わった経歴の持ち主だった。

キッシンジャーは『外交』のなかで、セオドア・ルーズベルトの政治感覚こそ、ヨーロッパにおけるメッテルニヒやビスマルクに相当する、勢力均衡を前提とする現実主義であり、アメリカの外交にはセオドア・ルーズベルト的なものと、ウッドロー・ウィルソン的なものが並存していると指摘している。[5]

キッシンジャーは『世界秩序』において、こうしたアメリカ外交は今後も続き、勢力均衡をもとめて現実主義的な外交を展開しながら、そこにアメリカ的な理想主義的な色彩が国際政治に付け加わるだろうと述べている。

「おそらく一九四八年から二一世紀への移行期までをみたとき、それは人類の歴史としてはほんの一瞬ではあるが、グローバル規模の世界秩序の始まりを、アメリカ的な理想主義と伝統的な勢力均衡思想とのアマルガムとして語ることができるだろう[6]」

戦後の地政学的戦略の始まり

アメリカの歴史に根差した世界観については、リベラル派の外交評論家であるウォルター・ラッセル・ミードが『スペシャル・プロヴィデンス』のなかで、もっと細かく分析している。ミードによれば、アメリカ外交の思想を歴代大統領によってあらわすとすれば次のようなバリエーションがあるという。

第一がハミルトン型、第二がウィルソン型、第三がジェファーソン型、そして第四がジャクソン型である。ハミルトン型は対外関係に積極的で、ウィルソン型は普遍的理念を掲げ、ジェファァーソン型はアメリカ完結志向であり、ジャクソン型は内外において軍事も経済も積極的になるのだという。[7]

しかし、これでは血液型による性格診断とあまり変わらない。それだけでなく、アメリカの外交が見せる矛盾ともいえる理想主義と現実主義の並存が、拡散する多様性のなかでむしろ霞んでしまう。細部の違いを説明するよりも、キッシンジャーによる説明図式でアメリカ外交史を概観しておいたほうが問題点は明らかになるだろう。

さて、こうした理想主義と現実主義の「アマルガム」が、アメリカの精神と歴史によって複雑に形成されたとして、では、具体的にはどのようなグランド・ストラテジーが展開されたのだろうか。これもまず、二つの世界大戦に即して考えてみよう。

第一次世界大戦に参戦するさい、アメリカの現実主義とモンロー主義的な伝統は、ヨーロッパ大陸への関与に対して逡巡するところがあった。しかし、このときウィルソン的な理想主義がこの逡巡を打破することとなった。「正義の実現」というウィルソン大統領の思想によって、アメリカは、大量の犠牲者が生じている戦場へと赴いたのである。

ところが、ウィルソンが掲げた「一四カ条」は、ヨーロッパの現実主義からは軽視された。国際連盟の創設も、アメリカ議会の反対に遭い、提唱国アメリカが不参加の状態で始まるという結果に終わる。アメリカはウィルソン的理想主義によって戦争には参加したが、その後のヨーロッパ再興において、経済援助はかなり積極的に行ったものの、政治的な関与は少なかった。

第二次世界大戦の場合も、ヨーロッパの戦争であるヒトラー包囲戦にアメリカが参加するかどうかは微妙だった。それどころか、大西洋横断飛行で知られるリンドバーグや自動車王のヘンリー・フォードのように、ナチズムを情熱的に評価したり、ドイツとの利害関係が深いアメリカ人も少なくなかったのである。

アメリカが第二次世界大戦に参戦するのは、日本がアメリカの真珠湾を奇襲したことにより対日感情が急激に悪化したことと、いまも謎とされるが、ヒトラーが真珠湾攻撃の報を聞いてアメリカに宣戦布告をしたからだった。

すぐにアメリカの理想主義は発動し、ドイツに対しては「ファシズム対民主主義」の戦いという構図によって、日本に対しては卑怯なスニーク・アタック（だまし討ち）を行った国への懲罰として、「正義の戦い」が可能となったのである。

第二次世界大戦が終結したとき、アメリカはヨーロッパから軍隊を引き揚げることになっていた。しかも、一九四七年までは、東ヨーロッパ諸国を衛星国にしていくソ連に対しても、対決姿勢を明確に打ち出していたわけではなかった。それが明らかになっていくのは、ドイツの復興をめぐって対立が生まれ、さらに、一九四九年にソ連が原子爆弾の実験に成功してからのことだった。

この数年の間にアメリカに生まれてくるのは、「共産主義に対決する自由主義」という構図であり、地政学をあえて当てはめれば、拡大を続ける「ユーラシアのランドパワーに対するアウターコンティネントのシーパワー」による「封じ込め」というグランド・ストラテジーだった。[8]

ケナンの「封じ込め」とトルーマン時代

いうまでもなく、戦後アメリカがソ連に対して採用した「封じ込め」戦略は、当時、外交官で、ソ連大使館に勤務していたジョージ・ケナンが提示したものである。ケナンは「長文電報」を一九四六年に本国に送り、翌年、『フォーリン・アフェアーズ』にミスターXの名で「ソ連の行動の源泉」を寄稿し、それが一九九一年までの対ソ外交の原形となった。

「ソビエトの外交は敵対勢力に対しナポレオンやヒトラーより敏感であり、敵が強すぎると考えた場合には外交各部門で妥協するし、力の論理とレトリックという点では合理的な動きをみせるのである。……したがって、アメリカの対ソ政策の主たる要素は、ソビエトの膨張傾向に対する長期的で辛抱強くしかも強固で注意深い封じ込めでなければならないことは明らかである[9]」

ケナンによれば、ソ連の人々は共産主義を信じ込んでいる狂信者ばかりではなく、すでに共産党のプロパガンダには嘘があることに感づいている者も多かった。もちろん、ソ連はアメリカの政治的パートナーにはなれないが、いずれにせよソ連の内部は変わっていく。ソ連との決着をつけようと焦るのは間違いであり、断乎たる長期的な「封じ込め」がアメリカにとっての利益につながるというのである。

もちろん、このケナンの戦略に対しては反論があった。たとえば、『フォーリン・アフェアーズ』に一九四七年に掲載されたウォルター・リップマンの「封じ込めではなく、大いなる妥結を」は、ケナンの「封じ込め」を批判しながら、米ソがともにヨーロッパから軍を撤退させることが必要だと論じた。

「政策の大目的は、ヨーロッパから双方が兵力を引き揚げることを可能とするような大いなる妥結を図ることにある。この妥結を通じて、冷戦によって生じている諸問題に対応できるようになる。共産主義者は今後も共産主義者のままで、またロシア人は今後もロシア人のままであり続けるだろう。しかし、赤軍がエルベ川ではなく、ソビエトの国境内に兵力を引き揚げれば、権力を握っているソビエトの共産主義者と帝国主義者も、自分たちの野心を大きく下方修正しなければならないことを自覚するようになるだろう[10]」

もちろん、この時期の核兵器はアメリカが独占していることもあって、ソ連に対して強硬策を採るべきだという主張も少なくなかった。しかし、トルーマン大統領はそうした強硬策には傾かず、ソ連との妥結を急ぐこともなく、ケナンが提示した「封じ込め」を事実上、採用した。ちなみにケナンに自然史的な地政学的発想はまったくない。

いわゆる「トルーマン・ドクトリン」とは、たとえば、一九四六年から四九年までのギリシャ内戦に対し、「外圧によって試みられた征服に抵抗」する勢力を支援するなど、共産主義勢力の攻勢に対して抵抗勢力を援助する政策だった。しかし、「トルーマン・ドクトリン」は一九五三年に大統領を退くまでのアメリカの国際政治を意味することも多い。

日本ではトルーマンは、広島と長崎への原爆投下と結びついているため、彼を偉大な人物と見なすことには抵抗がある。しかし、彼が在職していた戦後の微妙な時期に、東西の「冷戦」構造が確定したことから、いまやトルーマンは、アメリカを勝利に導いた冷戦の基礎固めをした大統領として評価が高まる傾向にある。

冷戦の「育ての親」トルーマン

アメリカの政治史において、トルーマンはどこかさえない印象を与える大統領だった。大統領になったのはフランクリン・ルーズベルトが急死したためであり、その後の第二次世界大戦の終結や戦後のスターリンとの対峙も、すべてはルーズベルトが敷いた路線を進んだかのように見られるところがあった。

しかし、一九四五年から五三年までの任期中に、スターリンのソ連と対峙し続け、ヨーロッパや日本の復興を積極的に支援し、八九年まで続く東西冷戦の構造が形成された時代のアメリカ大統領だったことは誰にも否定できない。

いや、それどころか、この時期において、ベルリンの壁が崩壊するまでの米ソ対立の「基礎」が着々と作られていった。一九四五年のポツダム会談によって戦後処理の方向性を確認し、日本への二発の原爆投下を決断し、ヨーロッパ復興への支援を展開して、スターリンのソ連に対して妥協のない長期的な対決姿勢を示した。

ともすれば、トルーマンは「小物」として扱われることがあった。事実、スターリンはルーズベルトに代わってポツダムのツェツィーリエンホーフ宮殿に現れたトルーマンの風采を見て、失望したといわれる。

また、トルーマンは高校卒業後すぐに銀行に就職して大学には進学していないことから、「大学を出ていない最後のアメリカ大統領」などと記載されることがある。しかし、彼は上院議員を務め、政治家としては老練の域に達していた。

コリン・グレイは論文「ハリー・S・トルーマンとアメリカの冷戦期におけるグランド・ストラテジーの成立、一九四五～五三年」（ウィリアムソン・マーレー他編『グランド・ストラテジーの形成』所収）のなかで、レトリックに満ちた文体で、トルーマン大統領時代の意義をあぶりだそうと試みている。

まず、トルーマンがリーダーとして偉大なことを成し遂げたことは確かだという。

「彼のグランド・ストラテジーは軍事的な観点でも、課題に対してより柔軟だったといえるが、歴史的な記録を見れば、彼が経済、政治、そして軍事の順序で優先順位を決めていたことは疑問の余地がない」[11]

次に、トルーマンはグランド・ストラテジーを十分に正しいものとするために、必死に努力したことも間違いない。

「トルーマンは、アメリカの大統領が単なる虚栄に執着しないかぎり、やらならなくてはならない国内政治と国際政治を十分にこなした」[12]

しかもトルーマンは、政治とグランド・ストラテジーにおいて、修復不可能になるような失敗をまったく犯していない。

「もちろん、小さな取りこぼしはあったが、トルーマンの業績に対して問題になるような失態はないといってよい」[13]

こうして見ると、トルーマンは幸運だったといえる。これは褒めているわけでも貶しているわけでもないとグレイはいう。

「しかしながら、ソ連が一九五〇年六月以前に、西側の再軍備を促すに足るような軍事的威嚇を行わなかったことが、計算された決断というより、ご都合主義的な信頼のゆえだと考えたのは、甘すぎる仮説というしかない」[14]

ソ連のヨーロッパ席巻を阻止する

グレイが言いたいのは、おそらく、トルーマンという人物はこの時代を担うのにかろうじて十分な人間であり、しかも、それを自分でも自覚していたということだろう。「時代の成り行きだったのか、人物の性格だったのか。それとも彼が行ったのか」。そしてグレイは、助言者たちへの適切な待遇を含めて、彼が意図的に行ったのだと言いたいらしい。

一九四〇年代末に西側が危機に陥っていたことは、冷戦研究で知られるジョン・ガディスも

『冷戦』のなかで読者に注意を喚起しているが、一九四九年から翌年にかけての時期こそ戦後のひとつの転換期だったことがいまでは明らかになっている。

周知のようにこの年、大きな事件がつぎつぎと起きている。まず、トルーマンは二期目をめざし、大統領戦に勝利した。NATO（北大西洋条約機構）が発足。ドイツ連邦共和国（西ドイツ）が成立し、ドイツ民主共和国（東ドイツ）もそれに続いた。毛沢東の中国共産党が、中華人民共和国の成立を宣言する。ソ連が核実験をしたことをトルーマンが発表した。

その翌年にかけて生じた事態のなかで、グランド・ストラテジーを考えるうえで大きかったのは、次の二つである。ひとつは前年まで国務長官を務めていたジョージ・マーシャルが策定したマーシャル・プランであり、もうひとつはソ連の核保有が生み出した衝撃である。

マーシャル・プランの意義について詳細に語る必要はないと思われるが、それは、戦争で荒廃したヨーロッパの国々に無償の援助を与える復興計画である。この計画でマーシャルはノーベル平和賞を受賞したが、もちろん、この経済援助計画には戦略的な意味が含まれていた。もっといえば、戦略そのものだった。

前出のガディスは、マーシャル・プランの戦略的意味を次のように述べている。第一に、ヨーロッパを荒廃したままに放置することは共産党の伸長を促すことになるのでそれを阻止する。第二に、経済援助はヨーロッパ住民に安心感を与えて共産主義への傾斜を防ぐ。第三に、この援助はソ連の衛星国には与えられないことから、衛星国とソ連との間に緊張を生み出す。第四に、この計画によってアメリカは、地政学的にも道義的にも、冷戦における主導権を握ることができる。[15]
この戦略は有効に働いたといわれる。ガディスはこう述べている。
「スターリンは、マーシャル・プランが彼の前に差し出した罠にはまってしまった。その罠とは、ヨーロッパを分割するような垣根をスターリンに作らせてしまうということであった。マーシャルの援助提案に油断したスターリンは、ソ連の参加について議論するため大代表団をパリに送った。それからすぐ援助計画から引き上げたが、東ヨーロッパ諸国には計画への参加を認めたままであった[16]」

このソ連と東欧の分断戦略は、スターリンを動揺させた。彼は東欧の衛星国に対して、マーシャル・プランへの参加について露骨な干渉を行った。さらに、もっとも注目されたアメリカへの反撃が、ベルリン封鎖だった。これは一九四九年五月にしぶしぶ停止されたが、その間、アメリカ側はＮＡＴＯの創設を達成して、ドイツは東西に分裂し、それぞれが独立してしまった。
「戦後ヨーロッパで支配権を得るためのスターリンの戦略は、無残な失敗に終わった。そして、それにたいする責任はスターリン自身にあった。しかし、今から振り返って見るからこそ、スターリンの失敗だったと思えるのである。当時はそのようには見えなかった。むしろ一九四九年〜一九五〇年の日々は、西側にとって一連の明らかな退潮の日々であった[17]」

ソ連が原爆を保有して新局面に

この「退潮の日々」は、主として軍事技術の進展によってもたらされた。ソ連は一九四九年八月二九日、初の原爆実験を行い、トルーマン大統領はその事実を同年九月二三日に暴露し、ソ連政府もそれを是認した。

アメリカは、あと六、七年は核兵器を独占できるのではないかと楽観的な観測をしていた。しかし、ソ連はスパイ攻勢を含むありとあらゆる手段を駆使して、アメリカを独占の地位から引きずり降ろした。

こうして始まったのが米ソの核兵器競争だが、それは必ずしも単純な上昇曲線を描いて量的な増強を競ったわけではなかった。ソ連の核保有が明らかになると、トルーマンは研究推進者たちの助言を受けて、「超原発」つまり「水爆」開発のプロジェクトにゴーサインを出している。

この時期、核兵器の増強を含む対応が終わらないうちに、ソ連がヨーロッパに対し地上戦で軍事的攻勢をかけていれば、ソ連はヨーロッパ支配を達成できたのではないかという説はいまも有力である。グレイは次のように指摘している。

「アメリカの軍人エスタブリッシュメントは、増強されている核兵器の総量はソ連との戦争で勝利を得るには十分でないことが分かっていた。一九五〇年代の初めころまで、アメリカは核兵器の十分な装備を持っていなかった。運搬する（爆撃機などの）手段や核による戦闘を支援する兵站のインフラもまだ十分でなかった」[18]

原爆には他にもさまざまな制約があった。原爆という兵器の使用上の難しさが露わになったのは、ソ連が核を保有して直後のことだった。一九五〇年六月二五日、北朝鮮軍が三八度線を越えて韓国に侵入して朝鮮戦争が勃発した。同年一〇月には中国義勇軍が参戦。

激しい戦闘の末、マッカーサーは核兵器を使うことをトルーマンに打診するが、トルーマンは許可せずにマッカーサーを解任した。すでにトルーマンは、原爆の使用は通常兵器とは異なるとの原則を抱いていた。ガディスが述べている。

「もしソ連がヨーロッパに侵攻すれば、ほとんど確実に原則は破られたであろう。けれども、アメリカが朝鮮で核兵器を使わなかったのには、実際上の困難という理由もあった。その一つは、何を目標にするのかという単純な問題であった。原爆は、都市、工業地帯、軍事基地、輸送ネットワークにたいして用いるように開発されていた。朝鮮半島には、そのようなものはあまりなかった」[19]

もちろん、朝鮮戦争でアメリカが原爆を使用しなくても、なんとか北朝鮮軍と中国軍を押し返す算段ができたということもあるが、トルーマンはこのときマッカーサーを解任してまで使用を禁じた。広島と長崎に投下を許可した結果について、トルーマンがどう考えていたかはさまざまな説があるが、朝鮮戦争時には核戦争による勝利があり得るのかについて、懐疑的になっていた可能性もないわけではない。

核兵器の登場と政治・戦略の関係

ずっと後になってから、国際政治学者のケネス・ウォルツが、核兵器の誕生は戦略にとって「グレート・チェンジ」をもたらしたと述べたことがある。[20] それまでの戦争のパラダイムを廃棄してしまい、新しい段階に入ったということである。

しかし、それはどの程度異なるのか、どの程度新しいのかについては、いまもさまざまな議論がある。ウォルツ自身は、核保有の拡散が国際社会の安定を生み出すという議論を展開したほどだから、その転換は決定的なものと考えていたのだろう。

冷戦期の核理論といえば、すぐに「ＭＡＤ（相互確証破壊）」を思い出すが、最初はかならずしもＭＡＤが導き出した「千日手」が実現するとは思わなかった理論家が存在したし、そもそも核戦争は常にエスカレートするとは思っていない論者もいた。

そのなかでも特に知られているのが、一九七〇年代に米中国交再開を演出したヘンリー・キッシンジャーで、彼は核兵器を使っても条件しだいでは限定戦争が可能だと論じていた。

キッシンジャーはアイゼンハワー大統領時代に、核時代の「抑止」について理論を精緻化したが、一九五七年に刊行した『核兵器と外交政策』で、核兵器によって大国の全面戦争は遠のいたと指摘する一方で、国際政治と軍事戦略がますます密接になったと論じた。

「したがって、（核時代にあっては）軍事作戦が開始されたら直接の外交接触は中断されるという考えかたは放棄されることになるだろう。……外交は、紛争を拡大する危険性を提示するという意味において、対立する国家がさらなるリスクをおかすという決定を禁じることになるわけである[21]」

さらにキッシンジャーは、一九六〇年代に入ると、それまでの通常兵器による軍備と核兵器による軍備はバランスよく配備されねばならないと指摘した。

「すべての兵器をとくに恐ろしい兵器として別のカテゴリーにひとまとめにするのは賢明ではない。むしろわれわれは、核戦争の結果を和らげるため、各種の使用形態や爆発力についてできるだけ多くの区別をつけるように努力すべきである。一方、在来兵器への重点強化の必要を本当に信じるならば、核軍備コントロールへの最善の途は、在来型の再軍備であるというパラドックスを受け入れるようにせねばならない[22]」

ここでキッシンジャーが述べているのは、いまにも核兵器が世界を滅ぼしてしまうということでもなければ、核兵器が逆説的にも戦争をなくすという希望でもない。戦争が核兵器を取り込むことで、外交も、したがってグランド・ストラテジーを含む政治すべてが戦略と密接になり、戦略と政治の関係はますます距離がなくなったということなのである。

こわれやすい核均衡という思想

これはやはり憂鬱なイメージといわざるをえない。技術の進歩が人類に繁栄ばかりをもたらすものでないことは、すでに戦前において気付いていた人も少なくなかった。新技術が導入された第一次世界大戦戦争が激烈な破壊をもたらしたことも知られていた。しかし、いまや新技術は、政治と戦略との上下関係すら危ういものにしようとしていた。

事実、キッシンジャーは『核兵器と外交政策』のなかで、核時代に入ることによって、クラウゼヴィッツ流の政治と戦略の関係は成り立たなくなったと述べている。その意味で人類は、新しい時代を迎えたのだ。

前出の冷戦研究家ガディスは、冷戦が終結して核時代に入ったことで、むしろクラウゼヴィッツの洞察は甦ったと指摘した。まさに政治と戦略、目的と手段との関係は、クラウゼヴィッツが論じていたものでなくてはならないというのである。

「クラウゼヴィッツが戦争とは『異なる手段による政治活動の継続である……政治的目的が到達目標であり、戦争はそれに到達する手段であり、そして手段はけっして目的から切り離して考えることはできない』と主張した時、彼が言わんとしたのはこの点であった」[23]

果たしてクラウゼヴィッツが、敵を破壊すると同時に味方をも破壊してしまうだけでなく、おそらくは人類にとっての環境をも損なってしまう核兵器、ことに水爆の誕生を予測できたかは分からない。しかし、クラウゼヴィッツの主張のなかには、たしかにこうした目的と手段の論理を通じて倫理にいたる道筋があったことはまちがいないだろう。

ここでもうひとつ、一九五〇年代に提出された核時代の理論を振り返っておきたい。それは一九六〇年代から冷戦が終結するまで、米ソ両国の政治家と戦略家たちの頭から離れなかった核時代の黙示録だった。

ランド研究所のアルバート・ウォルステッターが論文「こわれやすい恐怖の均衡」を一九五八年に発表したとき、多くの戦略専門家と政治家は衝撃を受けた。

それまで広がっていた一縷《いちる》の望みというべき楽観論は、核兵器が登場したことにより、「お互いの恐怖のうえに平和が確立された」というものだった。つまり、米ソ両国が核武装を進めることによって、いずれかが核攻撃しても報復としての核攻撃が確実となったことで、いずれも核による先制攻撃を行うことができなくなったというのである。

しかし、ウォルステッターはこの「恐怖の均衡」は、論理的には必ずしも成立せず、当時の核武装の技術レベルで検証しても「こわれやすい」ものであり、単なる希望にすぎないことを論証した。

均衡は戦略的に実現するしかない

ウォルステッターという人物には、さまざまな神話を含めて興味深い話が多いが、少なくともとびきりの秀才であったこと、青年時代の一九三〇年代はトロツキストであり、戦後になってランド研究所に入って核戦略を担当したこと、多くの信奉者を生み出したことなどは、まちがいのないことだろう。

アレックス・アベラの『ランド　世界を支配した研究所』は、ウォルステッターが前歴を隠し通すことができたのはなぜか、いくつか理由を示唆しているが、それよりも大事なのは、ウォルステッターがソ連に対して激しい憎悪を持っていたことだという。

「ヨシフ・スターリンとの権力闘争に敗れ、国外追放されていたトロツキーは、共産主義の理想は強制的な手段を用いて実現されるべきだと信じていた。ウォルステッターは、完全に思想統制された体制下で世界征服を目指しているのがソ連であるとの信念を持ち、それに従って戦略的決定を行っていた[24]」

アベラのこの書は、思想的な部分や理論の扱いがやや粗雑な印象を免れえないものだが、ウォルステッターの兄が、『パブリック・インタレスト』を創刊したアービング・クリストルやダニエル・ベル、ネーサン・グレーザーといったユダヤ系の若いトロツキスト集団と親密な関係にあったと述べているのは興味深い。

その後、クリストルはネオコンとなって、きわめて理念性の高い自由主義者となるし、ベルは『イデオロギーの終焉』を書いてリベラル派へと転じ、グレーザーは『民族とアイデンティティ』を著し、この書はアメリカの多文化主義の源流となった。

さて、ウォルステッターが「恐怖の均衡」を検証するためにあげた論点とはどのようなものだったのだろうか。彼は、水爆も視野に入れながら次の六つの「障害」を指摘している。

第一に、平時においても核兵器の管理を着実に行うために必要な、高額な予算を、独裁国家ソ連を相手に、アメリカが継続できるかどうかは予断を許さないとウォルステッターは考えていた。

第二に、はたしてソ連の核兵器による先制攻撃に対して報復攻撃をする態勢が作れるかどうか。実はこれはきわめてむずかしく、ポラリス潜水艦のように、移動可能なミサイル発射装備をもっと増強しなければならない。

第三に、ソ連の先制攻撃に対して、政権中枢が報復攻撃を決定したとして、はたしてその決定を即座にミサイルの発射現場に伝えられるかという問題があるという。この点についてもウォルステッターは懐疑的である。

第四に、報復攻撃をするさいに核兵器をどうやって射程圏内まで運ぶかという問題があるが、爆撃機やミサイルの燃料について考えれば、一九六〇年代になっても完璧を期すのは難しい。

第五に、報復攻撃を行うミサイルや爆撃機に対して、ソ連側が繰り出してくる航空機による妨害を完璧に潜り抜けるのは困難である。これについてもウォルステッターは、技術の進歩を待たねばならないと考えていたようである。

最後に、たとえアメリカが、ソ連の民間人の住む地域を報復攻撃しても、核シェルターや強力な防空壕によって被害を最小限に抑えることができれば、考えていたような「懲罰」は与えられないことになり、その効果は十分でないことも考えられる。

いまから考えると、比較的短時間で克服できた技術的な問題も少なくないと思われるが、ウォルステッターは当時の多くの研究からデータを採用してこうした「障害」を克服することは簡単でないと主張した。
「バランスはけっして自動的なものではない。第一に、熱核兵器（水爆）は侵略側を非常な有利に立たせるがゆえに、いかなる核技術段階であろうと、安定した均衡状態をつくり出すためには、多くの創意とリアリズムが必要とされる。第二に、この技術自体が物凄い速度で変化しつつある。抑止は、緊急の、そして不断の努力を必要とするであろう」[25]

MADとはマッドだったのか

その後、冷戦期の米ソにおける核戦略が「MAD」に向かったことは、すでに何度か触れている。相手がそこまでやるなら、自分たちはここまでやる。こうしたいわば「子供じみた」、あるいは「マッド（おバカ）な」強迫観念がMADに走らせたといわれる。

しかし、一九五〇年代のこうした核理論を再検討してみると、核兵器という新しい環境に対して必死に生き残りをかけて戦略を展開した結果だったというしかない。いまからみれば、キッシンジャーの限定核戦争論の論理矛盾を指摘できるとしても、彼が唱えた政治と戦略との密接化あるいは一体化という現象は否定することができないものだった。

また、ウォルステッターのペシミズムは、MADにおける核武装競争を過熱化させたともいわれるが、ウィッシュフル・シンキング（楽観的観測）に基づく米ソの核均衡があやういものであったことは、いまから見れば明らかなのである。

楽観的観測による均衡ではなくて戦略的で意図的な均衡の努力は、「デタント」や「SALT」において実践されたといえる。果たしてそれがうまくいったのかについては議論が分かれるところだが、こうした試みが成果を上げるには、実は、お互いの内情をお互いが理解している必要がある。

インテリジェンスの専門家であるマーク・ローエンタールは、教科書『インテリジェンス　機密から政策へ』のなかで、ニクソン政権はSALTを推進するにさいして、ソ連との条約遂行を衛星などでモニタリングすることを「合法化《レジティマイズ》」したと述べている。[26] もちろん、それはすでに双方の暗黙の了解事項だった。

もっとも、合法化することで、誤情報を意図的に流されるのではないかとの疑心暗鬼を生んだが、政治と戦略が極度に密接になった時代には、インテリジェンスもまた制度化を試みながら、他方で抜け道を探るという、二重の構造を持つことになるのである。

こうした核戦略における「コミュニケーション」の不全については、核戦略にゲーム理論を導入したトマス・シェリングが強調していたことでもあった。シェリングは、モートン・ハルペリンとの共著『戦略と軍事コントロール』のなかで次のように述べている。

「戦争勃発の際、コミュニケーションを開放しておくことを戦争の始まる前に取り決めておくことも役立つと思うし、核兵器について指摘されてきた点であるが、限定戦ではある種の兵器の使用を開始しないことについても了解に至ることができるであろう[27]」

こうなると、「戦争と恋では何をしてもよい」という俚諺《りげん》はすたれてしまい、何をしてもよいのは恋だけになりそうだが、冷戦終結時までに管理された核兵器による戦争が生じることはなかったし、いまだに生じてはいない。

しかし、核兵器の登場で生じた冷戦とその後の経緯を振り返っても、政治と戦略がはてしなく一体化していくという予想と、核において生じる均衡は、戦略にもとづく意図的なものだという認識はおおむね正しかったのである。

核廃絶をアメリカが言い出すとき

この章の最後に、アメリカの指導者たちがしばしば言い出す核兵器の廃絶について、簡単にふれておこう。

バラク・オバマは、大統領に就任してすぐにノーベル平和賞を受賞したので、こんどこそアメリカが中心になって核兵器の廃絶を推進してくれると思った人もいたかもしれない。

たしかにオバマ大統領は「核兵器のない世界」を口にするが、そのための具体的な行動はほとんど起こしておらず、「すぐに実現するとは思わない」とも語っている。しかも、ノーベル平和賞がかえって足かせになって、シリアの毒ガス使用に際しても、オバマ大統領は懲罰かつ威嚇としてのミサイル攻撃を行えずにシリア問題を悪化させ、この優柔不断がウクライナ問題の惹起に繋がり、世界の秩序はかえって悪化してしまった。

二〇〇八年にアメリカの元高官たちが集まって、核兵器の廃絶を提唱したので注目されたことがあった。この元高官たちとは、キッシンジャー元国務長官、シュルツ元国務長官、ペリー元国防長官、ナン元上院軍事委員会委員長で、経済紙ウォール・ストリート・ジャーナルに「核兵器のない世界」を二回に分けて掲載して呼びかけた[28]。

しかし、この四人の経歴を知っていれば知っているほど、疑わしい気持ちが湧き起こったのではないだろうか。たとえばキッシンジャーは、核兵器を用いた限定戦争を構想した人物であり、ほかの三人もすべて軍事問題の専門家だったからである。

こうした発言がなれるときは、核武装に関してアメリカが何か計画を立てているときで、このときも核軍縮を行うという名目で、世界に多く存在する核兵器の数を減らすか、アメリカに不利な核配備について再交渉しようという目論見があったと考えてよい。そもそもＮＰＴ（核拡散防止条約）の拡大などは、保有国の核はそのままにし、非保有国をさらに厳しく監視するものであり、核保有国に有利なだけだ。

実際、元高官たちの呼びかけは、アメリカが考えている核戦略の範囲内のものであり、「核延命と紙一重」などと言われた。逆にそうでなければ、核戦略の難しさを骨の髄まで味わってきた軍事専門家たちが、核廃絶などと言い出すわけがないのである。

それより少し前、一九九〇年代のことだが、ケネディ政権とジョンソン政権の国防長官をつとめたロバート・マクナマラが、自分はベトナム戦争について反省しているといいだし、核兵器の廃止を進めるべきだと語って、多くの人を唖然とさせたことがあった。

ベトナム戦争を指導したマクナマラが「反省」したというのは、倫理的にいってベトナム戦争をすべきでなかったということではない。ホー・チ・ミンは、強いナショナリズムからアメリカと戦争をしたのであって、旧ソ連の命令でアメリカに反抗していたのではないことを見破れなかったという悔恨だった。

また、核兵器の廃絶については、ある雑誌のインタビューで次のように語っている。

「――本当にアメリカが核兵器を廃絶するなんてあるんでしょうか。

マクナマラ　それはあるよ。他の国がみんな核兵器を廃止したら、アメリカだって廃絶できるからね[29]」

アメリカの高官経験者たちの核兵器廃絶論というのは、いまのところほとんどがこのレベルだと考えておいて間違いない。

第八章

中位国の核戦略と日本

中国の「中級国家」的な核戦略

ここにきて、世界の核戦略の構図が変わるのではないかと思われる事件が頻繁に起こっている。まず、二〇一五年七月一四日、イランの核開発をめぐる協議が、イランとアメリカを中心とする先進国との間で決着した。

これで中東における核問題は解決したかのように讃える報道が多かったが、もちろんそれほど甘い話ではない。イランはこれから十年余の間、核開発が大幅に制限されることは決まったが、それ以後はどうなるか分からない。

アメリカでも民主党のヒラリー・クリントンは妥結を支持したが、共和党の政治家たちの多くは最悪の結末だと激しく非難した。中東における唯一の核保有国とされるイスラエルのネタニヤフ首相も怒りを露わにしている。批判する側が指摘するのは「この妥結では単にイランが核保有するのを先延ばしにしただけだ」という点である。

事実、この妥結案が浮上したとき、アメリカ核戦略の重鎮ヘンリー・キッシンジャーも、「これでイランは核保有へ向かうだろう」と証言していた。[1] これまでの例を見ても、ある程度の経済力のある国が核保有を強く決意した場合、国際社会がそれをコントロールするのはかなり難しい。

イラン核協議の評価とはうらはらに、実は、この妥結は将来の中東における（それどころか世界的な）核拡散の始まりであるとする指摘は少なくないのである。

もうひとつの注目すべき動向は、中国の核戦略が変わったのではないかと思われる兆候があることだ。二〇一五年五月二八日、外交誌ディプロマット電子版にカーネギー財団核政策プログラムに参加しているトン・ツァオの「戦略的警告と中国の核戦略態勢」[2]が、同財団のサイトから転載された。

この論文は、二日前の五月二六日に発表された中国の国防白書『中国の軍事戦略』が、核戦略の変更を示唆していると指摘して注目された。同論文は「中国はこの白書のなかで核兵器について目的は二つだけだと再確認している。すなわち、『戦略的抑止と核による報復』である」と述べつつも、「戦略的な早期警戒戦略」という文言に注意を喚起して、中国の核戦略には変化がみられると論じている。

いったい、これのどこが注目に値したのだろうか。実は、中国の核戦略には、専門家が「神秘的」というほど不自然なところがあった。一九六四年にロプ・ノールで原爆実験を行い、六七年には水爆実験も成功させて以降、常に自分たちの核兵器は「帝国主義者が核攻撃をしてきたとき報復に使われる」と主張し、三千発の核弾頭を地下のどこかに隠していると言われながら[3]も、推定される核弾頭数は二百数十を超えなかった。

こうした「報復核戦略」は中位国の核戦略に見られるもので、二〇一三年四月に中国政府が発表した『中国の武装力の多様使用』で、それまで主張してきた報復核戦略を削除したときには世界に大きな衝撃を与えた。これこそ中国の核戦略が、冷戦期の大国型に転換した証左だとする見解も多かった。ところが二〇一五年になって、報復核に徹する方針をまたしても打ち出したのである。

前出のトン・ツァオは、「戦略的な早期警戒能力」という文言が織り込まれたことから、敵国の攻撃態勢の早期察知、反撃までの時間短縮、敵ミサイル発射に即時報復などの戦略変更があるとしている。報復までの時間について、これまで中国はルーズであり、それは報復核戦略に徹しているからだといわれた。

しかし、このルーズさを変えようとするのであれば、戦略の中心になんらかの変化があったことは否定できない。南シナ海や尖閣諸島での動向を思い起こせば、ますますその疑いは濃厚になるのである。

「日本人は核兵器について論じてきた」

私はジャーナリストを名乗って何でも書いてきたが、核戦略という分野は専門性が高いので、うかつに手を出せないと思ってきた。膨大なデータや知識だけでなく、ときには高度な数学を含む抽象的な思考が求められ、特に日本では読者の心理的な抵抗がきわめて強い。

しかし、そんな私にある市民講座から「核戦略について話してほしい」との依頼が数年前に来た。たしかに核戦略について雑誌で何度か短評を書いたことがあったが、それまでこの市民講座で私に与えられたテーマは「グローバル経済と日本」とか「急激に変化する雇用情勢」などであって、軍事について話したことなどなかった。
いろいろ迷ったが、お調子者の血が騒いであれこれ準備し、全部で二回、計四時間の入門講座を考えた。インターネット上に見られるような、ミサイルについての「オタク」的な解説をやっても仕方がないので、国際政治への見方が違うのは世界観が違うからだという話から始めて、核戦略も世界観やその国の置かれた状況で大きく異なると話を進め、いくつかの基本的な概念を説明しただけで制限時間いっぱいだった。

中年以上が多く、女性が半数を占める受講者たちは、熱心に耳を傾けてくれたと思う。しかし、最後に「東谷さんは、日本では核について一般のレベルで議論はほとんどされてこなかったと言われましたが、それは違うのではないですか」と言われて面食らった。では、どんな議論がされたのかと聞くと、返ってきたのは「核兵器への反対運動はずっと続いてきたではないですか」という言葉だった。

どうもおかしいとは思っていたが、「核戦略についての話」とは核兵器反対のことであり、ひょっとすると私が求められていたのは、核兵器の残虐さを悲憤慷慨しながら延々と語り、核戦争反対を唱えて講座を終えることだったのかもしれない。

しかし、冷静に考えてみれば、これは実に奇妙なことである。本書の読者のなかにも、「日本は唯一の被爆国だから、核兵器廃絶を唱えるのは当然」という人がいるかもしれない。しかし、たとえば一九八〇年に評論家の清水幾太郎が「日本よ国家たれ　核の選択」[4]で述べたように、唯一の被爆国であればこそ、核戦略について世界の現実を知っておくべきではないだろうか。

核について語るのはタブーだといわれてきたが、右の論文を批判するさいに福田恆存《つねあり》は専門家にとどまらず、核戦略について論じるのは当時、けっして禁忌などではなかったと指摘している（もちろん、これはテレビや大新聞でのことではないだろう）。

それどころか、戦後の有力な政治家たちは、公然とは表明しないものの、将来的には日本も核武装をするのが当然だと認識していた。

一九五七年、岸信介首相（当時）は、現行憲法のもとで許される自衛権の行使の範囲内であれば、「核兵器を持つことは憲法が禁じない」[5]との見解を述べている。すでに政界から引退していたが、隠然たる力をもっていた吉田茂元首相も、一九六二年に、日本の核武装オプションは排除されてはならないと公に述べている。[6]

ヨーロッパ外遊のさいに、フランスのド・ゴール大統領に「トランジスタラジオのセールスマン」と揶揄された池田勇人元首相も核武装論者だった。この点について、池田の秘書だった伊藤昌哉の回想は興味深い。一九五八年ころのことである。

「ある日、池田は、西ドイツの防衛問題にかんする新聞記事を読みながら、いきなり、『日本も核武装しなければならん』と言った。私は大いに驚いた。『広島は世界ではじめて原爆の被害をうけたところです。その地区からの選出議員が核武装を提唱するなどとは、とんでもないことですよ』と私は答えた」[7]

引退する池田のあとを引きついだ佐藤栄作首相（当時）は、中国が一九六四年に世界に向けて核保有を宣言したのをうけて、核保有にむけて動き出している。佐藤がどのように思考し何を追求したかは、黒崎輝氏の『核兵器と日米関係』に詳しい。

「佐藤栄作は中国の最初の原爆実験後、日本も核保有すべきとの考えを米国政府高官に繰り返し示していた。……佐藤はナショナリズムに裏打ちされた中国に対する対抗意識から、主権国家として日本が核兵器を持つことは当然と考えていた[8]」

ちなみに、佐藤栄作の首相時代の核武装論については、この黒崎氏の著作が基本文献とされているが、黒崎氏は他の著作物から明らかなようにれっきとした「反核論者」であることは知っておいたほうがよい。反核であるからこそ、日本の核武装への試みを詳細に調べつくしたのであろう。

戦後政治家たちの核武装論

佐藤政権は一九六四年一一月から七二年七月まで続いた、日本の憲政史上、最長不倒距離の政権だったが、この間、核武装をめぐっては、アメリカとの交渉以外にも多くの注目すべきことが起きている。

まず、国連で一九六三年に核拡散防止条約（ＮＰＴ）が採択され、七〇年に発効したが、日本は七六年まで批准を引き延ばした。六七年には、当時の下田武三外務事務次官が、核保有国だけが核の恩恵を受けるという不平等に反対すると表明して、当時の社会党委員長・成田知巳に激しい批判を受けている。

下田事務次官の発言は当時、ナショナリズム的な抵抗だと批判され、こうした事態を受けて佐藤政権は下田発言を修正することになったが、朝日新聞は最近、日本の批准延期は、対ソ・対中政策を推進していたアメリカの圧力によるものだと報じている。

もちろん、アメリカは核兵器を独占していた時期から、ソ連を牽制しつつ核拡散を回避しようとしていたが、日本についても「再ビ米国ノ究極ノ脅威」とならないようにするとの占領時代の「方針」は、この時代にもまだ生きていた。むしろ、それを利用して核保有国の特権を公然と指摘した下田事務次官の深慮遠謀を記憶にとどめるべきだろう。

また、一九六八年から七〇年にかけて、日本は果たして自力で核武装できるか否かの調査が行われた。『日本の核政策に関する基礎的研究』と名づけられたレポートは、この間、内閣調査室から三冊提出された。

中心となった識者は、物理学者の垣花秀武《かきばなひでたけ》、国際政治学者の永井陽之助、前田寿《ひさし》、蠟山《ろうやま》道雄の四人で、報告書は、原爆を少数製造することは当時の技術力でもすでに可能であり、比較的容易だと指摘している。ただし、それを有効な核戦力にするには、制度的な問題が多いとされた。

この間、驚くべきことに外務省は、西ドイツと秘密裏に協議をおこなって、中位国家がこれからどのような核武装をすべきか、それは可能かを話し合っていた。この事実は、二〇一〇年一〇月に『NHKスペシャル〝核〟を求めた日本』とのタイトルで放送され、後に『〝核〟を求めた日本』として刊行されたので、知っている人も多いだろう。

この日独秘密協議の一回目は、一九六九年に東京と箱根で開催された。このとき日本側の出席者は、国際資料部長の鈴木孝、同部調査課長の村田良平、同部分析課長の岡崎久彦などからなっている。当時の日本側の問題意識は、記録から抜き出せば、次のようなものだった。

「NPTに署名した後、10年から15年のうちに条約上の義務から免れざるを得ない『非常事態』が起こると考えている。インドのような新興国が核武装を決めることや、中国の核保有をアメリカが認めるような取り決めを行う事態だ[9]」

日本は独自に核開発ができると述べて、共同歩調を促した。これに対して西ドイツ側は「日本と西ドイツの置かれている状況は違いすぎる。冷戦で東と西に分けられているドイツでは、こうした問題について自分たちで決定することができない[10]」と回答している。

ちなみに、NHKのこのドキュメンタリーおよび刊行物は、やや情緒的な反核のトーンに貫かれているが、日本人が忘れてしまっていた核との真摯な取り組みを思い出させてくれた功績は多とすべきだろう。

周恩来とキッシンジャーの密約

佐藤政権が達成した政治的成果に一九七二年の沖縄返還があるが、六七年一一月に訪米したとき、すでに佐藤はマクナマラ国防長官との会談において、「自分は、日本の安全のため、核を持たないことははっきり決心しているのだから、米国の核の傘の下で安全を確保する」[11]と明言していた。ジョンソン大統領やマクナマラの再三の説得工作に屈してしまったのである。

しかし、佐藤の秘書だった楠田實の『楠田日記』一九六八年九月一六日の記述には、佐藤が楠田に対して「いっそ、核武装をすべきだと言って辞めてしまおうか」と言ったことが記されている。[12]日本の核武装については大きな未練があったのだ。

しかし、佐藤の核保有断念は、アメリカの核戦略にとっては大きな一歩であった。というのも、キッシンジャー補佐官（当時）は一九七一年、秘密裏に中国を訪れて米中国交回復を画策したが、その際、周恩来との秘密会談で、日本には核武装させないことを約束できたからである。

産経新聞は二〇〇二年八月六日付朝刊に、このときのキッシンジャーと周恩来の極秘会談を報じている。[13]それによれば、話は多方面にわたったが、日本の核武装について、まず、キッシンジャーから「米国は対日基本政策として、核武装に反対し、自国防衛のための限定的な再武装を支持し、台湾や朝鮮半島への軍事的拡張に反対している」と切り出している。

これに対して周恩来は、「日本の核武装を望まないというが、米国が日本に核の傘を与え、他国への脅威になっているのはどういうことか」と問う。それに対してキッシンジャーは、「核の傘は日本に対する核攻撃に備えたもので、米国が（攻撃に出る）日本のために核兵器を使うことは、自国のために使うこと以上にありえない」とあっさりと答えた。

さらに、キッシンジャーは「核の傘に関しては日本との間にその拡張で条約を結ぶ必要はない。核時代にはわが国が他国を防衛するのは条約のためではなく、自国の利益が問われるためなのだ」と述べて、完全にアメリカの核の傘を否定している。

アメリカは、中国が核戦略を拡大することを望んでいなかった。と同時に、戦後の日本が再びアメリカの脅威になることも望んでいない。そこで中国を封じ込めるために、日本には核武装はさせないと確約して、中国の核武装が急速に拡大しないように牽制を試みた。

これを「二重封じ込め（ダブル・コンテインメント）」と呼ぶ専門家もいる。このとき日本は、中国を封じ込めるための防御壁にされることとなり、また、中国はアメリカとの交渉によって、日本の核武装を制御することができるとの感触を得た。

この「二重封じ込め」こそが、日本があらゆる選択肢を必要とする戦略において、身動きのできない状況に立たされている元凶といってよい。もし国家に個別的あるいは集団的自衛権があるのなら、「核の選択」もまた、その国自身の自衛戦略に委ねられるべきであろう。

ましてやNPT第一〇条に「異常な事態が自国の至高の利益を危うくしていると認める場合には、その主権を行使してこの条約から脱退する権利を有する」とあることを思い起こせば、核保有を国家戦略に繰り入れる権利は当然のこととして存在する。

核武装を正当化する根拠

とはいえ、それが権利であっても、その権利を主張するためには、妥当とみなされる論理構成が、つまり核武装理論が必要となる。しかし、核兵器については本章の冒頭で述べたように、日本では頭から廃止すべきものだという固定観念が蔓延しているだけでなく、その使い方についても意外に知られていない。私が愕然としたのは、中小企業の社長さんたちのある勉強会でのことだった。

その勉強会は経済問題に関するものだったが、何かの拍子に核問題に話が及んだところ、参加メンバーのうちかなりの人が軍事に興味があって、尖閣諸島と中国の話になってしまった。中国の日本に対する戦略を考えるには、やはり中国が核武装していて日本はそうでないということが大きいと私が述べると、ある社長さんが「では、東谷さんは、中国は尖閣を核兵器で攻撃するというわけですか」と言ったので、顔が一瞬凍結してしまった。

もちろん、中国が核兵器で尖閣を攻撃することは万が一にもありえない。そんなことをしたら、そもそも領海の根拠となる尖閣が消滅してしまうこともあり得るではないか。そこで私は「核ミサイルで狙うのは東京とか大阪ですよ」と述べたところ、その社長さんは「そんなことで尖閣をとれるわけがないでしょう」というので、しばし言葉を失った。

中小企業の社長というのは勉強家で、実にいろいろなことを知っているものだ。その社長さんも、おそらく一般サラリーマンなどよりよっぽど戦争とか戦略についての本を読んでいるのではないか。ところが、戦争というと、ともかくその地域を攻撃することであり、核戦略もそれと同じだと考えたらしい。

しかし、核戦略について論じるさいには、前章で見たように、攻撃とそれに対する報復の可能性が基本となる。核戦争は一度も起こっておらず、あくまで「可能性」の問題なのだから、核戦略を考えるには想像力と推論が必要である。[14]

この攻撃と報復について簡単に言っておくと、最初の攻撃は軍事施設であっても、報復攻撃は大量死が生じる大都市がその対象として想定される。最初に核攻撃をした国に「耐えられないほどの報復」を行うことが、最初に攻撃された国にとって可能か否かが核戦略のひとつの論点である。いや、それが可能だと考えることによって初めて中位国の核武装論が登場してきた。

ソ連が一九四九年に核保有を宣言し、五二年には英国が保有した。その次がド・ゴールのフランスで六〇年に追い付いたが、六四年に中国が核実験に成功したとき、アメリカとソ連といった超大国以外の中位国が核武装する意味を議論せざるを得なくなった。

ガロアとボーフルの中位国核戦略

この新しい理論に貢献したのが、フランスのピエール・ガロアとアンドレ・ボーフルだった。ガロアは「ソ連に一九五六年に占領されたハンガリーが、もし、三個のヒロシマ型原爆を持っていれば、報復の恐怖のゆえにブダペストとモスクワは新しい暫定合意に達していただろう」[15]と述べて、たとえ小国であっても核兵器を持てば、大国の侵入を抑止できると主張した。

中国が核武装した直後に、ガロアは日本の新聞との特別会見で自身の見解を述べている。

「第一段階は六四年から七〇年まで、それは中共がごくわずかの核兵器貯蔵しか持たず、しかもそれを運搬する有効な手段を持たない局面である。第二段階は七〇年以後、中共の核兵器貯蔵が増大し、かつ米大陸に達しうる長距離運搬手段を持つに至る局面である。第一段階で中共はその原爆をせいぜい国境外千キロから千五百キロの近距離にしか運搬できないだろう。しかしこの局面においてすら、中国の周辺諸国――日本、台湾、インドシナ、タイ、マレーシア、インドなどに対してそれは巨大な政治的影響力を持ち始めるだろう。アジアはこの瞬間から激変し始めるだろう。そして第二段階入りとともに、変化は決定的となってくるだろう」[16]（「毎日新聞」一九六四年一月三〇日付）

一方、ボーフルは「中位国による独自核の存在は、その国の独立性を高めるだけでなく、同盟国の負担を軽減できる核連携戦略が可能になる」と語り、フランスが核武装をすることに対して、アメリカに理解を求めた。彼は『抑止と戦略』で次のように述べている。

「この核理論は核拡散と同一視されるべきではない。単なる核拡散の危険は疑いもなく阻止されるべきだ。しかし、この核多元主義は長期で見た場合、核抑止の中核を構成する二つの主要な核パワーの二極性によってヘッジされていることも理解されるべきである」[17]

こうした中位国による核武装理論は、興味深いことに、超大国であるはずのアメリカでも登場した。

先行するハンス・モーゲンソーの国際政治学「(クラシカル)リアリズム」に対して「ネオリアリズム」と呼ばれる新しい国際政治学を創始したケネス・ウォルツは、一九七〇年代に抑止としての核武装論を論じ始め、やがて「核保有国が多ければ多いほど、国際社会はより安定する」と主張するようになり[18]、核理論家や外交専門家に衝撃を与えた。

もちろん、この「より多ければ、より良い」という理論に対しては反論や攻撃が繰り返された。とくに国際安全保障が専門のスコット・セイガンは「より多ければ、より悪くなる」とウォルツを批判し、論争となった。

そこでの応酬は『核兵器の拡散』として一九九五年にまとめられたが、さらに論争が続いたので、それを追加して第二版が二〇〇三年に刊行され、ウォルツが亡くなった二〇一三年には増補して第三版が出版されている。

「モア・ベター」論争は続く

ウォルツの主張はだいたい次のようにまとめることができる。

まず、核攻撃を受けた場合、報復核による反撃の用意があれば、先制核攻撃は抑止できる。たとえ中位国であっても、核保有国は偶発による発射や非正規の使用を制御できる。したがって、核保有は抑止力を高めるだけだから、緩慢な核拡散は世界の安定に寄与するというのだ[19]。

　これに対してセイガンは次のように批判した。まず、ウォルツは中位国が核兵器を開発する間に攻撃は受けないことを前提としているが、これはおかしい。また、核で報復をすれば、先制攻撃を仕掛けた国は耐えがたい打撃を受けるとしているが、その保証はどこにもない。さらに、ウォルツは偶発的で非正規な攻撃は制御できるとしているが、それは信用できない[20]。

　こうした論争のなかで、ウォルツはセイガンの議論を「悪いことが起こると思うと起こる」という「マーフィーの法則」の信者のようだと揶揄し、セイガンはウォルツの議論には、組織の特質が合理的判断を狂わせるという組織論的な視点がまるでないと批判した。

　この論争はたいへん興味深いので、なぜ翻訳がでないのか不思議だが、おおざっぱにいえばウォルツは国家を「ユニット」と呼び、世界の構造を作りあげているユニットは合理的な判断が下せるという前提に立つのに対して、セイガンは政治・軍事組織には必ず非合理性が紛れ込むと考える点に違いがある。

　ウォルツはグレアム・アリソンがキューバ危機について『決断の本質』を書いて評判になったときも鋭く批判した[21]。『決断の本質』は野中郁次郎氏たちによる『失敗の本質』に、バジル・リデルハートの『戦略論』と並んで影響をあたえているのでご存じの方も多いだろう。

　キューバ危機についてアリソンは、米ソ双方の理性的な「合理的要素」、組織の軋轢という意味の「組織的要素」、双方の首脳の駆け引きという意味での「政治的要素」という三つの視点を移動させつつ総合的に論じようとした。しかし、ウォルツにいわせれば理論と呼べるのは合理的要素のレベルだけであって、あとの二つは理論ではないと手厳しく批判した。たとえば、組織的要素を持ち出すのは、市場メカニズムを論じているときに会社経営の話をしてしまうようなものだというのである。

ここで念のために断っておくと、この章では膨大な核理論をすべて紹介するわけにはいかないので、日本にとって切実と思われる中位国による核理論にしぼって述べている。仮に日本が核武装を検討するにしても、米露のような超大国型核武装はしないというのが前提である[22]。

さて話を戻すが、日本の核武装論者のなかで、日本が核武装をすべきであり、できることなら独自核の開発を行うべきだと考える者は、八〇年代にはガロアとボーフルの理論を取り上げ、九〇年代以降にはウォルツの洗練された理論に依拠する傾向が強かった。

それは理解できることだろう。軍事的に中位国である日本が核保有を正当化するには、独立国には核保有の権利があるというだけでは説得力に欠ける。ボーフルのように、日本が核武装をすれば同盟国の負担が軽減されると論じ、あるいはウォルツのように核保有国が増えれば国際社会は安定すると主張すれば、諸外国を説得しやすいのである。

ただし、気をつけねばならないのは、ウォルツはその論理的思考の鋭さからか、理論できれいに割り切れる議論を好む傾向がある。ウォルツを尊敬するジョン・ミアシャイマーですら、『大国の悲劇』の注記でウォルツの『国際政治の理論』に見られる理論経済学的思考を批判している[23]

ことからも、そのことは推測できるだろう。

ウォルツとセイガンの論争は、インドとパキスタンという核保有国どうしの衝突であるカルギル紛争についても行われた。セイガンはあくまでも歴史的事実にこだわって細かく論じ、両国とも核を保有していても、戦争を阻止できなかったではないかと指摘した。

これに対してウォルツは、カルギル紛争は千数百人の犠牲ですんだのに、これを戦争だというセイガンは戦争の定義を変えたのかとジャブを繰り出しながら、パキスタンが攻撃を始めたときも抑制が効いており、インドが反撃にでようとしたときにはパキスタンの核抑止が働いて戦争には発展していないと断じた。[24]

もちろん、イラン問題についても二人は何の理論的変更もなく、それぞれのスタンスで論じた。二〇〇六年にセイガンは『フォーリン・アフェアーズ』誌に「いかにしてイランからの核爆弾を防ぐか」[25]を寄稿して、これまでの核紛争を並べ立てた。これに対して二〇一二年、ウォルツは同誌に「なぜイランは核兵器を持つべきか」[26]を寄稿して、核抑止の理論は健在であり、インド・パキスタン紛争は「核保有国どうしの紛争はフル・スケールの戦争に発展しない」という好例だと論じている。

三つの核武装ポスチャー論

私がしばしば評論やリポートを書いている経済の分野でも、ある種の理論が台頭して熱狂的なファンを獲得するが、やがて多くのケースに遭遇して、理論が完全に間違っているわけではないが、それは経済という巨大な現象の一部分やある期間だけに適用可能なものだと分かるということがある。

経済理論と核戦略論を一緒にする気はないが、核戦略論のほうは何せ核戦争という前例がないのだから、事実によって検証することが困難である。だからといって、ちょっと実験してみようというわけにはいかない。しかし、核保有国はすでに九つとなり、戦争ではないにしても核保有国どうしの紛争はいくつも生じている。

最近、注目されるようになった核紛争理論家に、MIT准教授のヴィピン・ナランがいる。名前からするとインド系と思われるが、印パ紛争を扱った「平和のための核武装態勢とは」を二〇〇九年に発表し、歴史的経験と理論を大胆に接合する試みを行った。

二〇一四年には『現代の核戦略』を刊行して、一部で話題になった。ナランはウォルツのように世界の構造が国際関係を動かすことを受け入れるが、他方でセイガンやアリソンのように、国内要素や指導者の資質も考慮に入れる。ギデオン・ローズの言う「ネオクラシカル・リアリズム」の影響を受けているのである。[27]

核兵器の登場をもって国際関係論の「グレート・チェンジ」だとウォルツが論じ、核兵器の保持とその拡散に絶対的な意義を付与したのに対し、ナランは核兵器の保持そのものにも段階や程度を認めて議論を細緻化しようとしている。

ナランによれば、これまで核保有に達した中位国（ここには中国も含まれる）が採用した核戦略態勢は三つに分かれるという。[28]

第一が、保有を曖昧にして戦略も曖昧なままにして危機のさいには第三国が介入することを期待する「媒介的核態勢」。

第二が、報復は必ずするが、積極的に核攻撃はしない「確証的報復核態勢」。

第三が、最初から先制攻撃の可能性を宣言している「非対称的エスカレーション核態勢」。

ナランが繰り返し指摘するのは、こうした枠組みによって分析を行うかぎり、「核武装さえすれば抑止できる」という、分かりやすいがあまりにシンプルな結論は出てこないということである。

ナランの初期の研究[29]においても、前出のカルギル紛争が取り上げられている。インドが「確証的報復核態勢」を採用しているがゆえに、パキスタンは比較的安易に軍隊を動かしてしまったが、逆に、インドが通常兵器で反撃に出ようとしたとき、パキスタンの「非対称的エスカレーション核態勢」に抑止されて、本格的な戦争は思いとどまったという。

『現代の核理論』でナランは、議論の対象を広げている。たとえば、保有国と見なされていたイスラエルは第四次中東戦争のさい、非保有国であるアラブ諸国が侵攻してくるのを阻止できなかった。ナランによれば、それは当時のイスラエルが「媒介的核態勢」をとっていたため、非保有国の攻撃すら抑止できなかったとみることができるという。

さらに、中国の場合「確証的報復核態勢」を採用しているため、非保有国の侵攻は抑止できるが、「非対称的エスカレーション核態勢」をとる大国の攻撃を抑止できるかは保証のかぎりではない。イスラエルはいまや、通常兵器による攻撃を抑止するために、この「確証的報復核態勢」に切り替えたと指摘している。

パキスタンとイスラエルの核戦略

それぞれのケースをもうすこし詳しく見ておこう。パキスタンの場合、最初の核実験は一九八六年だったといわれる。すでに七四年からブット政権のもとで核開発は始まっていたが、八一年までにアメリカの諜報機関は、パキスタンがウラニウムの濃縮を始めていることを突き止めていた。そして、八六年には核兵器を作るのに十分なウラニウムの保有量に達していた。

この時点でパキスタンが採用していた核戦略は、ナランがいう「媒介的核態勢」であり、核兵器の保有をほのめかすことで、インドとの紛争がエスカレートしそうな段階で、大国である第三国（ここではアメリカ）が介入することを誘うものだった。

したがって、パキスタンは自国が潜在的核保有国になったことを、むしろ積極的にアメリカに漏らすことで、この戦略を確実ならしめようとした。実際、アメリカは一九八六年から翌年にかけてのインド・パキスタン紛争と、九〇年の両国の紛争それぞれに介入している。

「この二つのケースのさい、パキスタンのシグナルはインドではなくアメリカに向けられていた。

ことに一九九〇年のカシミール紛争のさいに甚だしかった。その結果として、アメリカは外交的にこの危機を鎮静化させようとしたのである」[30]

しかし、すでに一九七四年に核実験をしながら平和利用を主張していたインドが、九八年にパキスタンを威嚇する目的で核実験を行ったとき、パキスタンの核戦略は決定的に変わった。インドは兵器として使用できることを露骨に示したが、第三国の介入は期待できないことが明らかになると、パキスタンは対抗するかたちで核実験を実施して、すでに使える核をもっていることを誇示した。

「インドが主に国内的な理由で行った核実験は、パキスタンが『非対称エスカレーション核態勢』へと切り替えることを許す最終的なきっかけとなった。実際、パキスタンの一九九八年時点での大陸間弾道ミサイルの性能はこころもとないものだったが、非対称エスカレーション核態勢を十分に整える以前に、あえて核弾頭とその運搬技術を完成させることに踏み切ったのである」[31]

また、イスラエルは公式には核を保有していることを表明してはいないものの、最初はフランスの協力を得て研究を進め、途中からは独自に開発を進めて、第三次中東戦争が起こった一九六七年の時点で核兵器を保有するに至ったといわれている。

この時点ではイスラエルも、アラブ諸国に攻撃されたさいに核を使用するとほのめかしてアメリカの介入を誘う「媒介的核態勢」をとっており、常にシグナルはアメリカに向けられていた。しかし、第四次中東戦争のさいに、アラブ諸国が侵攻してきてもアメリカは介入してそれを阻止しようとしなかった。

さらに、一九九一年の湾岸戦争においてサダム・フセインのイラクがスカッド・ミサイルをイスラエル国内に発射したにもかかわらず、イスラエルの核兵器はまったく媒介的な役割を果たさなかった。

「湾岸戦争を通じてのイスラエルの教訓は二つあった。ひとつが……アメリカを介入させようとするイスラエルの努力には限界があること。……もうひとつが……中東において、イスラエルがアメリカに強制することができる余地というのは小さいということだった[32]」

日本の核武装の可能性

こうして見てくると、いまのところナランの新しい理論は、さまざまなケースをかなりよく説明しているように見える。ただ、核兵器登場以前の抑止例に統計的な処理をして分析に加えているものの、まだまだ事例数は少ない。そのため検証過程にある仮説だが、その暫定的な結論についても知っておく必要があるだろう。

「私は、核戦略には種類があって効果も違うので、核兵器を持てば抑止が働くとは思わない。いってしまえば、三つのうち『非対称的エスカレーション核態勢』のみが、軍事衝突の開始とエスカレーションに対して抑止として働くと考えている[33]」

日本の核武装の話をしながら、近年の核理論とくに中位国の核武装論についてみてきたのは、これから日本が、いまの平和主義を脱したさいに直面する核武装問題について、いまのうちに少しでも深く考えておきたいからだ。

ここまで読んだ方にはご理解いただけたと思うが、日本では核兵器について論じることが完全なタブーではなかったにせよ、一般的に核理論が語られることは、いまもあまりない。その弊害として、核兵器についての基本的な知識だけでなく、核戦略についての論理的な推論能力もきわめて乏しい。

核兵器については、ともかく所有すればそれで何とかなるといった誤解も多い。憲法を改正しさえすれば、日本は強大な独立国として復活できるという夢想とかなり近いものがある。憲法は改正してからも、本当の意味で「日本を取り戻す」ための不断の努力が必要であり、憲法改正は終わりでなく始まりにすぎない。安保法制も単にアメリカの要求に応えるためならば、日本の戦略にとって益するところは少ない。

核戦略もそれと同じで、たとえばウォルツの理論ですら、核保有が戦争をなくすといっているのではなく、「全面戦争を阻止して戦争の頻度を下げる」といっているにすぎない。そしてナランの仮説が正しいとすれば、「核の選択」もまた到達点ではなく出発点にすぎない。

たとえば、イスラエルのように秘密裡に核保有を達成して、初めは媒介的核態勢で出発しておき、東アジアの状勢変化によって、確証的報復核態勢に移行するというシナリオが現実味を増すことはあるだろう。

繰り返し述べてきたように、戦略は多くの要素からなっていて、ある要素が弱い場合にも、他の要素によってそれを「埋め合わせる」ことができる。また、戦略においては武力というハード・ウェアのみならず、経済・文化・外交などのソフト・ウェアも大事だという指摘はその通りだろう。

しかし、核という要素がまったく欠落しているとき、はたして他の要素によって埋め合わせることができるものなのだろうか。そしてまた、核という要素を小さいものとして戦略やグランド・ストラテジーを構築できる時代が、これから近い将来にやって来るのだろうか。この点にかんする議論は、次章でも続けることにする。

早期なのか否かは分からないが、それがどのような動機からなされるとしても、判断すべき日がくるまえに、素人は素人なりに議論を進めて確実に知識を蓄積し、ごまかしのない論理を鍛え上げておく必要がある。

第九章

新時代を拓く「RMA」の虚実

湾岸戦争の本質

一九九〇年八月二日、サダム・フセインのイラク軍は、隣国クウェートに侵攻して、湾岸戦争が始まった。同年一一月二九日に国連安保理は、イラクへの武力行使容認決議を可決。翌年一月一七日、ジョージ・H・W・ブッシュ大統領（父ブッシュ）はアメリカ軍部隊をサウジアラビアに派遣し、多国籍軍がイラクへの攻撃を開始した。

イラク軍がクウェートから撤退した段階で、アメリカ軍を中心とする多国籍軍は停戦を宣言してこの戦争は終結したが、空爆のさいに多くの最新兵器が使用されたことから、新時代のハイテク戦争といわれた。

しかし、戦争の実態が次第に明らかになるにつれて、当初の「新時代のハイテク戦」という評価は変わっていった。ハイテクが使用されたことは確かだったが、大量の兵器の使用と多数の軍隊の投入というそれまでの構図は何ら変わらなかったからである。

たとえば、軍事専門家たちの多くはその実態を詳細に検証して、高度な技術によって、大量の兵器と多数の兵士による戦争の概念を変えてしまったというのは間違いだと指摘している。[1]

しかし、「新時代のハイテク戦」というイメージはその後、ひとり歩きを始める。当時、私なども新聞や雑誌を読んでいて、湾岸戦争が高度な情報技術の戦争であり、情報機器による通信をお互いが解読し、通信を通じて攻撃が行われたというイメージを持った。

当時ひろまった話として、あまりに高度な情報戦だったために、普通の通信機器は事実上つかえなくなり、多国籍軍はファクシミリの複雑なバーコードをつかって情報を交換していたということだった。しかも、そのバーコードは一見ありふれた写真なのだが、重要な情報が盛り込まれているということになっていた。

もちろん、そういう事実もあったと思われるが、そのことについて、あるファクシミリ・メーカーの広報担当が、いかにも秘密の話として小声で話しているのを聞くと、すでに時代は変わって新ハイテク戦が展開しているような気分にさせられたものだった。

こうしたイメージのひとり歩きの最大の犠牲者は、ほかでもないアメリカの軍事部門のトップだった。

二〇〇一年九月一一日のニューヨークにおける同時多発テロに端を発したアメリカの中東への派兵は、〇三年三月二〇日にはアメリカ、イギリス、オーストラリアなどの有志連合によるイラク攻撃へと進展した。この戦争はほぼ一週間で終わり、同年五月にはジョージ・W・ブッシュ大統領（息子ブッシュ）が戦闘終結宣言を行った。このときも、空前のハイテク戦の勝利のようにみえた。

しかし、この戦争においてこそ、「新時代のハイテク戦」が試されたあげく、それが物事の一面にすぎなかったことが明らかになったのである。

イラク戦争もまた大量の兵士を投入した

まず、ブッシュ大統領が攻撃の根拠とした、サダム・フセイン政権による核兵器の開発は、いまにいたるまで証明されていない。それどころか、ブッシュ政権の内部では根拠など関係なくイラク戦争が計画されていたことが示唆されるようになっている。

また、この戦争はイラクに安定した政権を生み出すことができなかった。長期間にわたってイラク国内では内紛が続き、ついにそれは過激派イスラム教徒による「イスラム国」の急拡大を許す事態を生み出している。

そして湾岸戦争以来、華々しく喧伝されるようになったＲＭＡ（軍事革命）が、はたして戦争の概念を変えてしまうほどの変革をもたらしたのかについても、大きな疑問符が付されることとなった。

イラク戦争を指導したアメリカのドナルド・ラムズフェルド国防長官は、テロ攻撃を受けたときペンタゴンで執務中だった。その後、アフガン戦争とイラク戦争を繰り広げることになるが、とくにイラク戦争では、ハイテク戦のイメージを世界に向けて発信しようとした。ハイテク戦が可能であるがゆえに、アメリカの若者の血が流されるのは最小限にとどめられるというわけである。

しかし、現実のイラク戦では大量の血が流された。ラムズフェルドは、最小限の軍隊によってイラクを制圧できると豪語したが、実際には逐次投入のかたちで増派をくりかえし、結局、アメリカ国内の州兵をもイラクに送り込むことになる。
このとき、エリック・シンセキ陸軍参謀総長は、それまでの軍事的常識にしたがって数十万人の派兵を提案したが、ラムズフェルドは、ハイテク戦が可能となったアメリカ軍にそれほどの人員はいらないとして彼を解任した。いざイラク戦争が始まってみると、アメリカ軍はたちまちイラク軍を撃破していったが、問題となったのは戦後の秩序回復において、ラムズフェルドが考えた人員ではそれが不可能だということだった。
ネオコンだったフランシス・フクヤマは、「アメリカは敵を撃破することはできても、新しい秩序をつくることに失敗した」と述べて、結局、イラク戦争をイデオロギー的に支えたネオコンからの離脱を表明する。[2]
また、イギリス生まれの歴史学者ニアル・ファーガーソンは『コロッサス』のなかで、アメリカは「嫌々ながらの帝国」だと論じた。かつて大英帝国が中東に軍隊を展開するにさいしては、現地軍やグルカ兵など傭兵軍も含め、思い切った投入をしたが、アメリカにはそれができていないと批判した。[3]
イラク戦争の終結後のこうした経緯のなかで、アメリカ軍とアメリカ政府が喧伝してきたRMAは、果たして実態のあるものなのか怪しいとする見解が多くなっていった。一時は戦争の概念を変え、さらには戦略を根本的に変えるといわれた軍事革命の理論が、現実のなかで否定されていくことになったのである。日本においては、ＲＭＡについてのこの議論は専門家たちの間で生まれ、そして専門家たちの間で退潮していくことになる。

ＩＴ革命のパンフレット並み

奇妙なことに、日本でこのＲＭＡに関する議論がもっとも盛り上がったのは、ニューヨークを中心とする同時多発テロの直前、二〇〇一年の夏ころだった。そこでは、湾岸戦争の経験を踏まえて、軍事の世界に新しい時代が到来したというメッセージが含まれていた。

この盛り上がりの背景には、二〇〇〇年にピークを迎えた「ＩＴ革命」に呼応したマスコミの迎合もあったように思われる。

このころ出版されたＲＭＡの本を読んでいると、軍事の問題というよりは巷に流布していたＩＴビジネスの入門書ではないかと思われるような記述が目につく。[4] たとえば、ＲＭＡとは情報型の軍事革命であり、情報のコストが低下することによって軍事も変わるのだとか、情報が正確なものとなりリアルタイムになるとか、二〇〇一年にはほとんど崩壊してＩＴバブルの病理とされた楽観的な予測と同種のものが並んでいた。

おそらくそれらの本の書き手は、世間のＩＴ革命に呼応するつもりで、あるいは便乗するつもりでＲＭＡを説明しようとしたのだろう。しかし、インターネットが普及してインターネットを介してモノを買えるようになるとビジネスが変わるのは確かでも、それが資本主義を変えるとか終焉に至らせるという話が妄想であったのと同様に、情報型のRMAがそれまでの戦争と戦略を一変させるという議論はあまりに大げさなものといえた。

ＩＴ革命が進展すると、売り手と買い手を媒介する中間的な仕組みがなくなり、流通が単純化して卸商は消滅し、街の商店も必要がなくなるとか、企業における会議はすべてインターネットによって行われるから企業組織も大きく変わり、ついには消滅するだろうと予測した経済学者もいた。

そして、こうしたＩＴ革命論の先駆者を自ら任じた経済学者のなかには、のちに「懺悔」した人物もいた。しかし、RMAを大げさに論じた軍事評論家や専門家のなかで懺悔とか反省をした者はいなかったようである。

マクレガー・ノックスとウィリアムソン・マーレーは、RMAバブルともいえる軍事テクノロジー賞賛の風潮を批判して次のように述べている。

「テクノロジーも、不確実性かつ意志の衝突の領域であるがゆえに戦争の核心を排することはできない。コンピューターの処理能力は、戦場ではいうに及ばず戦略レベルでも、洞察力や真の気力に取って代わることはできない。『戦いが機械で勝ち取られても、機械は戦いを勝ち取らない——これは非常に大きな違いなのである』[5]」

ＩＴ革命と呼ばれた技術革新がすべて幻想であったわけでないことは、その後、多くのＩＴ企業が倒産し景気後退が起こったのちに、比較的手堅い経営をしていた企業が生き残ってインターネット上でのビジネスを再編したことをみればわかる。

それと同じように、情報型のＲＭＡが、イラン戦争という大失態を生み出したとして、その後、多くの見直しがなされた。ＲＭＡがどのような影響を戦争と戦略にもたらしたのか、私たちはそのことを知らねばならない。私たちにとって重要なのはこちらのほうだろう。

軍事革命を歴史のなかで見直す

前出のノックスとマーレーは、ＲＭＡに対するこうした単純な理解を批判しつつ、軍事革命を軍事史あるいは戦略史のなかで見直すことを勧めている。彼らにとって軍事革命という言葉そのものが、そもそも単純ではないのである。
日本ではこの言葉は、アメリカが進める「レボルーション・イン・ミリタリー・アフェアーズ」の翻訳だとされている。しかし、この言葉からして、実は、いくつもの起源をもっているのだという。[6]
ひとつは、社会的・政治的な広範な変化から生まれる「ミリタリー・レボルーション」であり、その研究は歴史学や戦略史のなかで長い伝統をもっている。もうひとつが、ソ連の参謀総長ニコライ・オガルコフが言い出した「ＭＴＲ（ミリタリー・テクニカル・レボルーション）」であり、さまざまなテクノロジーによって、敵の監視と敵からの防衛を一体化するシステムの構築を意味した。

興味深いのは、イラク戦争に至るアメリカのＲＭＡは、その多くがソ連のオガルコフ将軍の思想にのっとって推進されたことだろう。もちろん、オガルコフが考えたＭＴＲは、当時のソ連の技術レベルではとても実現できるようなものではなかった。ならば、一九九〇年代にＩＴ革命を推進したアメリカならできたかといえばそうでもなかったのである。

そもそも、情報技術を駆使したアメリカのインテリジェンス機関と政府が、サダム・フセインのイラクにおいて本当に核兵器をつくっているかどうかについて、正確でリアルタイムの情報を得ることはできなかったのだ。

ノックスとマーレーが提示するのは、新しいテクノロジーが生まれても、それだけで新しい戦争や新しい戦略が生まれるわけではないという常識的な視点である。いくら新しいテクノロジーがあっても、それに適合的な社会的・政治的なシステムが形成されなければ新時代はやってこない。

彼らはヨーロッパの歴史を振り返って、これまでＲＭＡ（レボルーション・イン・ミリタリー・アフェアーズ）は五回起こったとしている。[7]

第一に、一七世紀における近代国家と近代軍事組織の創成。

第二に、フランス革命による国民の政治的総動員であり、これはナポレオン戦争に至った。

第三に、産業革命によって生じた財政力と経済力をともなった技術革命。

第四が、以上の三つが結合された第一次世界大戦。

第五が、核兵器と弾道ミサイルによって生じた核戦略。

ここに並べられた五つの「軍事革命」は、必ずしもハイテクの登場によって生じたものではない。一六四八年のウェストファリア条約と総称される複数のとりきめが、近代国家を生み出すことになり、フランス革命が、国民を戦争に動員することを可能にした。ナポレオンの戦争は、国民軍が成立していなければ、そもそもありえないものだった。

産業革命を背景にした技術革新も、社会的・政治的な変革と総合されることで、第一次世界大戦というヨーロッパの繁栄を終わらせる巨大な戦争となった。飛行機やタンクが発明され、砲撃の飛躍的な技術革新があっても、それを使用する組織が確立されなければ有効な戦闘力とはならない。

軍事革命と徴兵制度

ここで最近の出来事から、軍事革命と国民軍との関係について考えてみよう。

集団的自衛権の議論のさいに、平和主義の立場に立つ新聞などが、このままでは徴兵制がしかれると言い出した。それに対して、推進派の論者たちは、すでに徴兵制は世界の流れとしては廃止される傾向にあり、そんなことも知らないで議論しているのかと批判した。

事実関係からいえば推進派に理があったと私は思う。しかし、推進派のなかにはこうした「世界の趨勢」を強調しすぎて、国防の基本についての前提を忘れてしまっていると思わせるものがあった。とくに、若い論者などが、軍事革命による技術の進歩を鋭く論じれば論じるほど、その印象が強くなった。[8]

たしかに、先進諸国において徴兵制は「廃止」される傾向にある。アメリカですらいまや徴兵制はしいていない。しかし、同じく徴兵制をしいていないドイツ、イタリア、スペインなどでも、基本法や憲法に掲げた国民の国防の義務は取り下げていないし、徴兵の可能性についての条文も削除していない。

戦争技術が進歩すれば、徴兵制によって集めた兵士は、実際の戦闘において役に立たなくなってくると戦闘のプロは言いがちだし、素人目にも理解しやすい。それはそれで正しいだろう。とはいえ、イラク戦争をみてもわかるように、地上戦において戦った兵士のなかには、徴兵ではないが大学の学資を得るために州兵に応募した、戦争技術に習熟しているとはいえない志願兵が含まれていた。

また、イラクで落命した若い米兵たちの多くは、ハイテク武器を操るような熟練兵ではなく、自動小銃をもって治安維持活動に従事していた兵士たちだった。このことからも分かるように、必ずしもハイテク戦だけが現代の戦争ではないのである。

そもそも、総体としての国軍を組成することが、それほど単純で簡単な営為でないことは、ニッコロ・マキャベリの昔からそうだった。いや、マキャベリによれば、古代のギリシャやローマの昔からそうだった。[9]

周知のようにマキャベリは、裏切りやすい傭兵を激しく批判して、独自の国軍の創設を君主に勧めた。しかし、その彼にしても、当時の戦争技術はしばしば傭兵に蓄積されており、都市国家で募った兵士に愛国心があったとしても、すぐに使えるような兵力でないことはわかっていたのである。

この矛盾については、政治学者の佐々木毅氏が若かりしころ、君主は「愛されるよりも恐れられたほうがいい」とマキャベリは主張しながら、国を裏切らない軍隊を求めるのは撞着だと指摘している。マキャベリは理論的に破綻していたというのである。[10]

しかし、それは矛盾を孕むものであっても、理論的な破綻ではない。マキャベリの徴兵論もまた、「軍事革命」のひとつの試みだった。彼が兵士の技術や士気、忠誠心を検討し、また自国軍、傭兵、外国軍を比較しつつ国軍の組成を構想したのと同じように、現代においては、ハイテクや士気、コストを考慮しながら、国防を構想すべきなのである。

RMAで戦死はなくなるのか

徴兵制との関連でRMAを考えるとき、検討を要するものとして、RMAが発達すると兵士を殺さなくても国際紛争は解決できるようになるという説がある。こうした事態は、本当に起こりうるのだろうか。

「死が目前に迫った時、個々人の士気、集団の結束、リーダーシップといったすべての複雑な無形の要素が個々の生存本能を克服できなければ、危険に立ち向かうという最も単純な行動がとられることはないだろう[11]」

これはアメリカの戦略家エドワード・ルトワックの『戦略論』に出てくる言葉だ。すでに述べたようにルトワックは、「戦場で勝てば、それだけ敗北の確率は高くなる」といった、戦争のパラドックスを論じたことで知られているが、右の引用文は掛け値なしに現実そのものといえよう。

分かりやすいのは個人対個人の決闘であり、まさにそこでは生命の駆け引きがなされる。クラウゼヴィッツも『戦争論』のなかで、戦争は突き詰めれば二人の決闘なのだと述べている[12]。自分が死んでしまうかもしれないという恐怖、つまり個々の生存本能を克服したとき初めて、武術における弱者にも勝機が訪れる。

それと同じことが、国家対国家の近代戦においても観察されてきた。たとえば西南戦争での絵に描いたような白兵戦に突入したとき、敵の兵士と銃剣で戦うことになるが、このとき自らの死は忘れてしまい、ためらわずに相手の生命を奪うことに専心しなければ逆に殺されてしまう。

また、ベトン（コンクリート）で塗り固められた巨大な要塞を攻略しようとする軍隊は、ベトンにたどり着く前に多くが殺傷されてしまうことを承知で、繰り返し攻撃をしかける。日露戦争においては旅順でこの光景が繰り広げられた。恐怖心を克服して銃口下までたどり着き、手榴弾を放り込み、あるいは銃をつっこんで撃ちまくらないかぎり、要塞は陥落しない。

もちろん、現代の戦争技術の発達は、こうした戦闘法を大きく変えたかに見える。たとえば、飛行機の発達により、敵との距離が大きくなり、上空から死を見ることなく敵の軍隊や非戦闘員の住宅を爆撃することになる。

「一団の騎兵に爆弾が命中して四散するさまは、バラのつぼみが開いて散るようでした」[13]

これは、エチオピア戦に参戦したムッソリーニの息子の報告の一部だが、自ら直接手を下すのでなければ、どれほど人間は残酷になりうるかを論じるさいに、しばしば引用されてきた。そこでは一見、白兵戦のような直接の生命の駆け引きはないかのようにみえる。

また、核兵器の登場は、決闘や白兵戦では不可避の生命の駆け引きを、完全に無意味化したように思わせた。たった一発の原爆が数十万人の生命を一瞬にして奪うなら、駆け引きの機会すら生まれないだろうからである。

さらに近年では、軍事用ドローンの発達によって、操作者と敵との距離は拡大し、一方的な殺戮が可能になったといえるかもしれない。そこには、かつての古典的な戦闘の駆け引きは見当たらないように思える。

リスクと死のない戦争はない

しかし、こうした技術の発展と戦略の変容にもかかわらず、極限状態における生命の駆け引きと生存本能の克服という基本的な構図は変わっていない。

たとえ、上空から死者を目撃せずに爆撃したとしても、やがて同盟国を含む軍事力によって報復の戦いが行われ、それを上回る爆撃が一定の時差をおいて行われることになる。

日本軍が重慶爆撃を行ったときは、それなりの戦術的イノベーションといえたかもしれないが、民間人を巻き込むこの戦闘法は、東京大空襲に正当性を与えた。民間人の生命を奪うV２によるロンドン攻撃は、さらに大量の民間人の死者であがなわせるドレスデン爆撃を引き起こすことになる。

すでに前章でみたように、原爆も同じことで、いまや核戦略の中心は報復核による牽制であり、ニューヨークの一千万人の生命を失わせると脅すなら、それに対抗して北京の二千万人を消滅させることを示唆することでこの戦略は成立している。

軍事用ドローンを使う戦闘をゲリラは批判したが、急進派イスラム組織ヒズボラはすでに偵察ドローンをイスラエルに侵入させた。ゲリラ側も早晩、ミサイルを搭載したドローンを手にするようになる。そうなればドローンによる相互殺戮戦に突入するだろう。

死を前提にした生命の駆け引きは、たとえ技術によって規模が拡大し、間接的なものとなっても、先制攻撃と報復の可能性というかたちで継続している。

先に引用したルトワックは、湾岸戦争後、それまでの議論を修正して、これから戦争の中心は地上戦から「エア・フォース」、つまり空からの攻撃に移行することになるだろうと言い出し、これを「ポスト英雄的戦争」と呼んだ。[14]

「どこに偉大なパワーがあるか。家で子供と共にいる」という彼の論文によれば、先進諸国では家族における子供の出生率が減ったため、国民（特に母親）は、わが子が危険なバトルに駆り出されるのを許さなくなるというのだ。[15]

しかし、イラク戦争の現実が、この予想をいとも簡単に覆してしまった。もちろん、エア・フォースは大きな力をふるったが、その後の掃討戦においても、占領地での治安維持活動においても、兵士の地上配備は欠かせないものであることが明らかだった。そして、多くのアメリカの若者が地上で生命を落とした。

もちろんルトワックは、技術やRMAが発達すれば先進国は若者を戦場で死なせずにすむといったわけではない。一九九九年のある講演では、ソ連のオガルコフが考えた監視と攻撃を一体化させたMTRでも、こうした事態を克服するわけではないと指摘している。

「監視から攻撃に向かうオガルコフ・システムがあったとして、セルビア紛争やイラクに対してもっと何かできたでしょうか。あるいは台湾に侵攻しようとする中国にはどうでしょうか。実際にはほとんど何もできないのです[16]」

では、子供たちを戦場に送りたくないアメリカをはじめとする先進国はどうすべきなのか。先ほど述べたように、まずエア・フォースで攻撃を開始することが考えられる。そして、ルトワックが言いだすのは「やとわれた傭兵」であり、「いますでに平和維持活動に従事している」と言っていることからすれば、「民間軍事会社」に外注することなのである。

「これがポスト英雄的な『主人公』たちを抱えた国の未来像であり、そうした国はもはや偉大な国ではなくなるでしょう。そして、その未来はすでに今ここに来ているのです」

このようにルトワックは講演を締めくくっているが、現実のアメリカはこの数年後、多くの若者の血を流すことをあえて行った。

ルトワックは、マーガレット・サッチャーか父ブッシュのような強力で決断力のあるリーダーがいる国家でなければ、もう若者の血を流させることはできないと述べていた。[17]しかし、実際には父親ほど強力でもなく決断力もない息子のブッシュであったがゆえに、アメリカはイラク戦争に突入したのである。

RMAがあれば戦争に勝てるか

ＲＭＡと情報の関係について深く考えるには、アメリカを中心とする英語圏の国々が形成している「エシュロン」がどれほどの情報を把握し、それを軍事や経済にどう役立てているかという問題にも触れる必要があるが、この点については後ほど論じることにする。ここでは、アメリカのＲＭＡについてもう少し考えてみよう。

アメリカに反逆しようとする国家が、大量破壊兵器などの武装を新たに行い、いまにもその武器をつかってアメリカ本土を狙おうとしているとしよう。ソ連のオガルコフ将軍のプランでは、そのときアメリカ製のＭＴＲは武力攻撃の動きを察知して、先制攻撃を行うか情報通信網を操作するかして、ならず者国家の野望を打ち砕くことができるはずである。

しかし、アメリカはそのようなことができるのだろうか。なかには、本当はできるのだが、戦略があってあえてやらないだけだと言う人もいるかもしれない。そうであるなら、中国は着々と核兵器を増やしているとよくいわれるが、アメリカ製ＭＴＲはその野望を秘密裏に破砕してしまえるはずではないか。

これはロシアについても同じことで、もし、そうしたシステムがアメリカにあるのであれば、なぜシリア問題は解決しないのだろうか。ウクライナ紛争が起こってロシアがクリミアを奪取したとき、なぜ、アメリカ製のＭＴＲはロシアに逆ねじをくらわすことができなかったのだろうか。こうしてみると、アメリカが冷戦終結後に推進したＲＭＡが、まったく新しい戦争と新しい戦略を可能にするという議論は疑わしい。もちろん、これに付随して起こった、「ＲＭＡが発達したので核兵器はいらなくなった」などという主張はかなり怪しげなものだろう。

ＲＭＡについて、これまでの歴史をふりかえりつつ、深く考察したのがコリン・グレイの『カオスの戦略』である。グレイはこの本でも頻繁にクラウゼヴィッツにさかのぼりつつ、戦争におけるテクノロジーの役割は大きいが、それは一七にわたる戦略のファクターのひとつにすぎず、ＲＭＡによって戦争が変わったというのはあまりに過大評価だと指摘している。

「ＲＭＡはアナロジーでいえば、ハリウッドでいうところの『ハイ・コンセプト』である。こうしたコンセプトであるかぎり、ＲＭＡはファッショナブルで、したがって客を呼べるものであるだろう」[18]

冒頭ちかくでグレイがこう述べていることからして、湾岸戦争からイラク戦争にいたる時期に流行したRMAの議論に対して懐疑的であることが分かる。

「私の議論における礎石というべきものは、すでにこれまでの議論で提示しておいた。つまり、戦略の複雑な性格や本質的な非線形性からすれば、RMAが約束しているかなりの部分あるいは全てについて不満を鳴らすものとなるだろう」[19]

そもそも、『現代の戦略』でグレイはクラウゼヴィッツを称賛するいっぽうで、その欠陥をいくつも指摘している。[20]ということは、クラウゼヴィッツにさかのぼるのは、『戦争論』を聖典にするためでもなければ、同書から気の利いたフレーズを見つけ出すためでもない。目の前の新現象に対して古典によって距離を保ち、歴史的パースペクティブのなかで見直してみるためなのである。

軍事革命とは諸要素の結合である

RMAの概念についてグレイは、先行するマーレーたちのRMA研究を参照しながら、軍事革命という言葉にはいくつもの起源があること、RMAという現象もまたRMAsであり数多くの「革命」があったことを指摘したうえで、近代における三つの「革命」を取り上げ、検討を加えている。[21]

第一に、ナポレオン戦争において明らかになった軍事革命。

第二に、第一次世界大戦において生じた軍事革命。

第三に、第二次世界大戦の末期にはじまった核兵器による軍事革命。

ノックスとマーレーの五つのＲＭＡよりも少ないが、たとえばナポレオン戦争までの社会的・政治的な変革がこの時期までに蓄積されたと考え、第一次世界大戦における技術的発展も累積的なものとしているので、ノックスとマーレーの五つのＲＭＡを圧縮したものと受け止めてもよいだろう。

ナポレオン戦争によって顕在化した軍事革命とは、歴史的研究が明らかにしているように、何よりもフランス革命によって可能になった国民軍の形成であり、さらに、ナポレオンという軍事的天才が生み出した、「深くパーソナルな」ものであるとグレイは指摘している。

「ここで『ナポレオン的』ＲＭＡと呼ぶことは、まったく適切なことだろう。しかし、その前段階は長く、多くのものの累積から成っているのだ[22]」

フランスの軍隊はフランス革命以前からナポレオン的ＲＭＡの要素を備え始めていたことを、歴史的研究を援用しながらグレイは事細かに論じているが、それは、ひとつの軍事革命が歴史的で累積的であることを証明するためである。こうして生まれたナポレオン的なＲＭＡには、次のような非人間的な側面があったこともたしかである。

「一七九〇年代に急激に兵士の値段は安くなった。多くの作戦や戦略の問題は、大量の戦傷という犠牲を払うことで解決され軽減することができるようになった[23]」

フランス革命以降、徴兵制によってつくられる国民軍は、兵役が国民の義務であるという観念を流布させ、それに呼応するかたちで、誇りをもって徴兵に応じる若者たちを大量に兵士にしたてあげ、彼らを大量に戦場に投入することで戦争が展開するようになる。この「安くなった」兵隊の存在は、兵士の損耗率や費用をさほど気にしない戦術を可能にし、作戦において大きな断絶を生み出すことになり、それは現在まで継続しているのである。

産業革命以降に急伸した技術力によって実現した航空機、タンク、毒ガスなどによって第一次世界大戦は、それまでの戦争のあり方を大きく変えたといわれる。しかし、この点についてもグレイは注意深く論じていき、こうした技術革新も、戦略によって支えられなければ「革命」は顕在化しなかったと論じている。

そしてまた、戦略によってこうした技術を作戦や戦術に結びつける努力においてまさっていたからこそ、連合国側はドイツに対して結局は優位に立って勝利を手にすることができたというのである。

「戦略の歴史はまごうことなき次のような事実を記録している。つまり、一九一七年から一八年にかけて、戦場におけるＲＭＡの実践において連合国側が、戦略的な行動として、敵であるドイツの努力に対して結果的に勝っていたことが明らかなのである[24]」

核兵器も戦略のひとつの要素

核兵器の登場は、それまでの戦争と戦略をまったく変えてしまうものだったといわれて久しい。しかし、冷戦が終わった時、戦略研究家のローレンス・フリードマンが「核兵器はすごかった。しかし、それは戦略そのものではない[25]」と述べたように、それまでの歴史を断絶させたわけではない。

グレイは「核革命はたしかに革命であるが、ここではナポレオン革命や第一次世界大戦におけるRMAと同じように扱うことにする[26]」と述べて、核兵器という技術的な側面を過大評価することなく、その戦略的な意味を論じている。

核兵器はその破壊力において空前のものであり、ことに水爆の登場によって、もはや戦争はなくなると論じられたことすらあった。しかし、一九四五年以降の核保有国の行動を検討すれば、確かにそれは戦略そのものではなく、むしろ戦略のなかに繰り入れられたことが分かるのである。

「予想に反して、核戦略は戦略的行動にとって二つの重要なテストを潜り抜けてきた。第一に、私の戦略の定義によれば、戦略とは政治目的のための（核の）フォースの使用と、そして（核の）フォースによる威嚇に関することに他ならない。第二に、経験的に見ても、核戦略は核兵器という手段と政治的な目的を繋ぐという意図的な行動であり続けた[27]」

つまり、グレイによれば核兵器は、政治や戦略を無意味にしてしまうのではなく、政治の目的を実現するための戦略のなかに、それなりの比重で位置づけられたというわけである。

テクノロジーではなく戦略全体

イノベーションと呼ばれる技術革新は、経済学においても諸要素の結合として考えられてきた。しかし、大きなテクノロジーの開発が生じても、テクノロジーそのものだけではレボルーションは起こらない。

経済学者ジョセフ・シュンペーターは『経済発展の理論』のなかで、イノベーションは五つの要素の「ノイエ・コンビナツィオン（新結合）」によって生じると述べたが[28]、念のためにその五つの要素を記しておく。

第一に新しい生産物あるいは生産物の新しい品質の実現、第二に新しい生産方法の導入、第三に産業の新しい組織の創出、第四に新しい販売市場の創出、第五に新しい買付先の開拓である。そして、これらを結合するのが企業家（アントルプルヌール）であるとした。

いまでもイノベーションという言葉を振り回しながら、新しい技術が出てきただけでそれが世界を変えるとか資本主義は終焉を迎えるとか言い出すお調子者が多い。しかし彼らは、イノベーションの核心としてシュンペーターが考えていた「新結合」の意味と、決定的に重要だとされていた「企業家」の役割を忘れている。

戦略論において同様の現象が起こっても、何も不思議ではない。しかも、政治と戦略のレベルにおいては、さらに多くのファクターが、イノベーションの条件として立ちはだかっている。すでに述べたようにグレイは一七ものディメンションを挙げた上でそれらはヒエラルキーを形成してはいないと指摘している。

興味深いことにグレイは、『カオスの戦略』において、ナポレオン革命、第一次世界大戦、核兵器の三つをRMAとして論じているが、結論部に当たる短い最後の章では、いわゆる情報型のRMAといわれるポスト湾岸戦争についてはほとんど議論していない。

グレイが挙げる三つのRMAにおいて、それらを推進した当事者たちはすべて敗北していることを思い起こせば、次のような指摘は重要だろう。

「軍事革命の主唱者たちが、重要な事実を視野に留めているか否か、あるいは彼らがうまく立ち回るか否かはともかくとして、RMAというものはすべて高度な政治方針の召使い以外の何ものでもない。冷酷な政治史はナポレオンのフランスが、ドイツ帝国やソビエト同盟と同様に破滅したことを示している」[29]

テクノロジーを発明し導入することが、戦略を生み出し戦争を勝利に導くのではない。そのテクノロジーを戦略全体のなかで適切に位置づけ、他の要素との有効な結合を図ったときに初めてRMAは戦略的な優位性をもたらすのだ。

この章ではあまり触れることができなかったが、ビッグデータ・ブームにおいても、情報テクノロジーが経済のみならず政治や軍事の優位性をもたらすという議論がさかんになった。しかし、ひとしきり流行したあとは忘れ去られてしまった。

情報テクノロジーはこれからの国家戦略にとり極めて重要であり、そのために注意を喚起することはまちがっているわけではない。しかし、技術そのものだけで日本がインテリジェンス大国になれるわけではない。そのためには情報機関を保持し、そのために必要な人員を養成し、法制度をととのえ、さらに自らもイノベーションを試みることによって、かろうじて世界の情報先進国と対峙できるようになる可能性が生まれるということだ。

しかし、日本の知識人においては、こうしたインテリジェンス分野にはまったく興味がないか、あっても奇妙に戦前のあやしげな陰謀説にばかり拘泥しているのを目撃すると、暗澹たる気持ちにならざるを得ない。そのことについては、章を改めて触れることにしたい。

第十章

日本にとっての戦略思想

東アジア撤退論は「奇説」ではない

共和党の大統領候補ドナルド・トランプ氏の「東アジアから米軍を撤退し、日本と韓国に核武装を許す」という発言を、選挙民の歓心を買おうとする変人の暴言と思った読者もいたかもしれない。しかし、トランプの発言は、アメリカの多数派の支持はのぞめないにせよ、一定の評価は得たのではないかと私は思う。[1]

日本のマスコミは、トランプが積極的に語ったように報じたが、実際にはインタビュアーが「日韓の一部では『自分たちの核を持つべきではないか』との声もあるようですが、これは理解できることか」と聞いたのに対して、「それこそ議論すべきことで、もし、アメリカがいまのままなら、彼らはいずれ保有してしまうだろう」と答えたものだった。[2]

すでに述べたように、米軍がハワイあたりまで撤退してしまい、東アジアについては問題が起こったときだけ介入するという類いの戦略を「オフショア・バランシング」という。これは奇策で奇説もなんでもなく、政治学者にも政治家にも支持者が存在している。しかも、それは影響力のある人物たちによって唱えられてきた。

たとえば、ハーバード大学教授のスティーヴン・ウォルトは『米国のパワーを飼い馴らす』のなかで、アメリカが今後選択すべき対外政策は「オフショア・バランシング」であると断言している[3]し、シカゴ大学教授のジョージ・ミアシャイマーは『大国の悲劇』において、日韓に核を持たせても中国を抑えきれないとしながら、「オフショア・バランシング」は当然のこととして議論している。[4]

さらに、テキサス大学教授のクリストファー・レインに至っては、その著『幻想の平和』のなかで、「オフショア・バランシングの採用は、とりもなおさず日本、ドイツ、そして恐らく韓国に核兵器を持たせることになる。米国は核不拡散の政策を緩める必要がある」[5]と論じている。

少し前になるが、ロバート・ゲイツ国防長官（当時）が、ウェスト・ポイントの士官学校でオフショア・バランシングについて、これからのアメリカの戦略となると語ったといわれ、有力な高官や政治家の中にも支持者が増えていることをうかがわせる。

日米摩擦が最高潮に達した一九八〇年代とは異なり、米国人の日本に対する信頼感はけっこう高い。たとえば、昨年（二〇一五年）のピューリサーチセンターの世論調査では、約六八％の米国人が日本は信頼できると答えており、約三〇％でしかない中国を大きく引き離している。[6]

そのいっぽうで、「日本はもっと積極的に軍事的役割を果たすべきか」という問いについては、約四七％がイエスと答えていて、日本は軍事的役割を十分に果たしていないと受け止めているアメリカ人が、なんと約半分にも達していることがわかる。

こうしてみると、トランプ発言は日本の世論からみれば不快な妄言であっても、アメリカ側からすればアカデミックな戦略論や、高官の発言や世論調査のデータからすれば、それほど異常なものではないことが分かるだろう。もちろん、彼らがトランプ氏を支持しているわけではないし、すぐに実現することはないだろう。しかし、オフショア・バランシングは、現実となる可能性のあるプランとして、冷静に受け止めておいたほうがいい。

トランプが間違っているのは、日本は米国に防衛費を出させて、自分たちでは出そうとしていないと述べた点であり、これに対してはインタビュアーまでもがトランプ氏の発言に疑問を呈していた。

最近の数字は発表されていないが、二〇〇四年に米国防総省が発表した『共同防衛に対する同盟国の貢献に関する報告』では、日米の分担のうち日本の負担割合は七四・五%に達しており、ドイツの約三三%、イタリアの約四一%を大きく引き離していた。ちなみに、韓国は約四〇%だったが、二〇〇九年には七一%まで上昇している。[7]

さまざまなシミュレーションが示すところでは、日米同盟が維持されると仮定すれば、たとえ日本の自衛隊が米軍の肩代わりをしても、それほどの予算増額は必要ない。こうした「肩代わり」のための防衛計画を四年で達成させるために予算を分散させれば、むしろ黒字が出るという試算すらあることも覚えておいてよい。[8]

先述のトランプ発言については、日本の外務省あたりがすかさず日本側の財政的な負担について、概数でもいいから発表して抗議し、日本の共同防衛に対する経費負担はかなりのものであることをアピールすべきだった。広島での外相会議における共同宣言の和訳をあれこれいじることよりも、もっとほかにやることがあったのではないだろうか。

軍事というファクターのない戦略論

この章では、これまでの章を振り返りながら、日本の戦略について改めて考えてみたいと思うが、戦後の日本に戦略などあったのだろうかと疑問に思う人も多いだろう。まったくなかったとは言わないまでも、宮澤喜一が述べたように、それは「自らは決めない」、すくなくとも積極的には日本から提示しないものだったことは間違いない。

こういうと、日本は「平和国家」というグランド・ストラテジーがあるとか、「商業国家」というグランド・デザインでやってきたと反論する人もいるかもしれない。なかには、「核廃絶」という、積極的な主張があったと言い出す人すらいるかもしれない。

しかし、戦略あるいはグランド・ストラテジーという考え方からすれば、それらはほとんど「逃げ」の議論だった。[9] 分かりやすい例でいえば、日本は核武装に踏み切るべきかという問題が、実は延々とあった。そしてそれは、いまも世界中の注視の的である。しかし、少なくとも表向きには積極的な議論が国民に対して公にされたことはない。

一九六四年に中国が核実験を成功させたとき、当時の佐藤栄作首相は日本の核武装について検討して、結局はジョンソン政権とニクソン政権の説得かつ圧力によって独自の保有を諦めた経緯はすでに述べたとおりである。

日本の国際政治学者たちも、中国の核実験には衝撃を受けたが、日本の核武装を積極的に唱えた論者は少なかったし、マスコミによって報じられることはほとんどなかった。当時、京都大学助教授の高坂正堯は、『海洋国家日本の構想』のなかで毎日新聞に掲載された、中位国家に核武装を推奨するガロアの論考を引用しつつ、次のように論じている。

「要するに、ガロアの発言は軍事力や核兵器というところを、きわめて広義で、異質で、捉えがたい力と置き換えて読めば、まさに問題の核心を衝いたものなのである。だから対米従属と対中従属というジレンマは実在し、それを逃れる道は日本みずからの力を強める他はないのだ」[10]

これを読んで、なるほどと納得できただろうか。この時代の日本の国際政治学者は、リアリストとされた永井陽之助や高坂でも、軍事や核兵器を論じるさいにはこうした「きわめて広義で、異質で、とらえがたい力」とか「ソフトな総合力」とかのレトリックを使い始めるのである。

では、高坂とともに核戦略の研究をしていた桃井真はどのように論じていただろうか。桃井の場合も、核武装についてはやはり否定的だった。軍事力にもっと注意を払うべきだと桃井は述べていたが、そのいっぽうで日本の経済力と技術力は抑止力になるといい、「日の丸の戦略核兵器は日本に不要だ」と断じている。

「どうしても日の丸ミサイルがほしいという人には、そこまでしなくても、日米同盟関係をよい状態にたもって、アメリカの抑止力に依存したほうが、一〇〇パーセント確実でなくとも有利であり、信憑性も高い、と答える以外にない」[11]

ここでも何かはぐらかされたような印象を受けるが、日本のハイテクを軍備に応用せよとか、日本人の軍備に対する軽視は止めるべきだといいながら、結局のところはアメリカが何とかしてくれるという、おそるべき精神の弛緩がここにも見られるのである。

日本はアメリカの核の傘の下で生き残れればいいのであり、相対的にせよ日本は独立性をたかめる戦略を試み、自前のグランド・ストラテジーを形成していこうという気など、さらさらなかった。少なくともそれを一般向けの本で表明する気はなかったのだろう。

彼らの語る戦略が、まるで「戦」を「略」するようなものでしかないのは、私たちがいかに戦略思想を持ち合わせていないかを示しているのである。[12]

日本は立派な「潜在的核保有国」

しかし、日本の国際政治学者たちの「広義」で「ソフト」な「総合力」についての回りくどいこうした議論とは別に、日本の軍事および核兵器に関する、世界の軍事専門家の視線はもっとシビアである。

たとえば、英国のシンクタンク国際戦略研究所（ＩＩＳＳ）のマーク・フィッツパトリックが書いた『アジアの潜在的核保有国』では、韓国、台湾とならんで日本も潜在的な核保有国とされている。[13]しかも、原子力発電を積極的に推進してきただけでなく、繰り返し核武装の可能性を検討してきた有力な核保有国なのである。

フィッツパトリックは、一九五四年から六七年までに「沖縄の嘉手納空軍基地に約一千二百発の核重力爆弾が装備されていた」と書き始めて、その後、沖縄返還後の日本における核武装について論じている。

大きな転機は一九六四年の中国による核実験だったが、日本はいっぽうで東海村原発にはじまる原子力発電所の設置を続けながら、核武装についての研究をかなり積極的に行ったとフィッツパトリックは見ている。

一九六七年から六八年にかけて「半私的」な核武装研究のグループ「安全保障問題調査会」は、ウラニウムによる核兵器よりもプルトニウムの核兵器のほうが作るのは容易だという報告書をまとめた。二番目の研究は六七年に内閣調査局によって着手され、その成果は六八年から七〇年にかけて発表された。それによると核兵器を作るのは「可能であるだけでなく容易」ではあるが、それは好ましいとはいえないと結論づけている。

一九六九年に始められた、防衛庁傘下の防衛研究所による研究も同じ結論にいたった。外務省の外交政策委員会によって推進されたこの研究は、他のものよりずっと公式的なものといえたが、結論は次のようなものだった。

「日本は当面、非核原則を維持すべきだが、そのいっぽうで国際情勢が変わって核兵器を作ることが許されるようになったら作れる経済的および技術的能力を確保しておくべきである」[14]

日本の核武装についての研究はその後も続いている。一九七〇年に防衛庁長官だった中曾根康弘氏が指示し、七二年に提出された白書では、「防衛的な核兵器の製造は海外の敵のリアクションを生み出し、戦争を引き起こす危険をもたらす」と否定的な見解を示している。

これで日本の核兵器研究が終わったわけではなかった。政府がスポンサーになっている核武装の研究は九〇年代にも行われている。これは北朝鮮が核武装を推進したことに刺激されてのもので、防衛庁は九五年に「核武装レースに日本が参加することは戦略的に賢明ではなく巨大な費用が必要となる」と結論づけている。

政府による最新の研究成果は二〇〇六年に報告書にまとめられているが、それは核武装化の可能性に光を当てるもので、「日本における核兵器の国内製造の可能性」と名づけられていた。フィッツパトリックは続ける。

「この文書は次のように結論づけていた。日本は小型の核弾頭を製造する専門的技術と施設を備えており、また、国産のM－VやH2－Aといったロケットは大陸間弾道ミサイルの潜在的能力を備えている。しかし、そうした軍備のプロトタイプを構築するには少なくとも三年から五年の年月と、二〇〇〇億円から三〇〇〇億円（約一七五億ドルから二五〇億ドル）の費用と、数百人の専門家やエンジニアを必要とする」[15]

日本には「軍事」はなく「軍備」だけ

フィッツパトリックはこうした指摘に続けて、日本の有力な政治家たちにインタビューをすれば、日本は核武装こそしないが核武装を実現する経済力も技術力も持っていると言いたがることを、実名をあげて列挙している。[16] しかし、そうした政治家も国内のマスコミに対しては、とたんに用心深くなるのである。

フィッツパトリックがこのレポートをまとめるにさいして目を通した資料は、彼が核不拡散の専門家だからかもしれないが、日本の雑誌や民間組織での核武装についてのさまざまなシミュレーションや論文まで入れれば、かなりの分量に達する。

ところが、核兵器の製造やその費用についてはこのように検討されても、ではなぜ日本は核武装すべきなのか、あるいはすべきでないのか、といった問題について、思想的に詰めた議論はほとんど見当らない。「ハコモノ」ばかりで「コンテンツ」がないのだ。

これは拙著『不毛な憲法論議』に書いたことだが、[17] 日本には転用できる技術力も含めて巨大な「軍備」がすでに十分にあるのに、国民レベルで議論をするという意味での「軍事」はほとんど存在していない。モノはあるのに、コトバが存在していないのである。

精神分析に構造主義を導入したジャック・ラカンがかつて述べたことだが、モノに見合うだけのコトバが何らかの理由で欠落すると精神的病理がもたらされるという。これは個人の言語生活に関する指摘だが、日本の場合は社会において、「軍備」というモノはあるのに「軍事」というコトバが欠落しているのではないだろうか。

軽武装でも経済力と技術力があれば十分に防衛力の欠落をカバーできるという「吉田ドクトリン」は、幻想であったにもかかわらず、一九八〇年代以降も継続した。中曾根康弘政権において初めて防衛費がGDPの一%を超えて激しい批判が起こったが、その一%であっても、すでに世界の上位にあった。

たとえば、いま日本は軍事予算において世界のどのあたりに位置しているかを聞いたとして、正しい回答をするのははたして何%になるだろうか。三割を超えないというのが私の予想である。正解は二〇一五年で第八位なのだが、それは日本のGDPが近年世界全体のなかで急速に縮小したからで、二〇〇〇年には金額で見ると第三位だった。[18]

軍事費が第三位である国が「平和主義」的な憲法によって、武力の行使や威嚇だけでなく存在そのものを否定しているといっても、それはまったくの虚言にすぎず、日本は軽武装で平和を維持してきたと信じているのは日本人だけである。こうした国が平和維持軍に参加して「平和主義の憲法をもっているから戦えない」といっても信じてもらえないだろう。

イラク戦争のさい、日本はイラクのサマワの水の供給を維持する目的で自衛隊を派遣し、日本での報道はおおむね好評だった。しかし、日本の自衛隊を守らねばならないオーストラリア軍にしてみれば、どうにも馬鹿らしい任務と思えてしかたがなかったに違いない。

事実、日本の自衛隊のキャンプの前で、オーストラリア軍が現地人の暴徒に襲われたさいに、自衛隊は憲法違反の軍事行動となるのを恐れて助けにいかなかった。そのことでオーストラリア軍は報告書のなかで激しく日本を批判したが、日本で報道されたのはずっとあとになって、集団的自衛権を行使するための法改正を行っているときだった。

興味深いことに、この事実を報じたのは安倍晋三政権を強力に支持している新聞で、こうした事実を公開すれば安保法制の議論のはずみになると思ったらしい。しかし、この新聞は、イラク戦争当時、サマワの自衛隊が現地の人たちに歓迎されていることを強調する報道をしていたはずである。

残念ながら、こうした「病状」は枚挙にいとまがないが、軍事に関する日本人の言動は、外国人からみたら単なる「二枚舌」、あるいは「欺瞞」以外の何ものでもないだろう。こうした二枚舌と欺瞞は、いわゆる進歩派にみられるだけでなく、保守派の言論にも頻繁に登場するものであり、モノとコトバの乖離はいまも甚だしいのである。

情報機関よりまず言論責任を

戦略というと必ず論じられることになるのが、インテリジェンスの問題である。インテリジェンスとは、戦前は諜報とか防諜という言葉で表された、政治や軍事に関する情報の収集・分析・活用のことだが、日本は敗戦後、こうしたインテリジェンス機関を再興できなかった。

さらには、占領下において削除された刑法のスパイ関係条項を復活させなかったので、日本は「スパイ天国」と言われるようになって久しい。国内および海外で活動できる情報機関をもっていないのに、日本版国家情報会議だけを創設したところで、入ってくる情報のほとんどが外国からの貰いもの、主にアメリカからのお下がりでしかない。

それなのに、日本人はスパイ物を盛んに読み、インテリジェンスについて話すことが好きである。外交評論家や国際政治学者のなかにも、インテリジェンスについてあれこれ論じる人が少なくない。

なかには外交官だったという人物が、イスラエルのモサドから得た情報について書くかと思えば、ロシアの元KGBから連絡があって会ったなどと述べていたりする。この人物は、激しい暗闘を演じてきた両方の情報機関に通じていることになるわけで、それでは「二重スパイ」なのかと私などには思えてしまう。こうした奇妙な話に実に寛容なのも、「スパイ天国」ならではの現象なのかもしれない。

かつて外務省で情報収集・分析を担当した岡崎久彦は、ある時期から日本はアメリカの情報だけに耳を傾ければいいと考えるようになったという。[19] なんといってもアメリカが世界の中心的な国家だからということでもあるだろうが、それだけではないらしい。

岡崎はベトナム戦争の動向を把握するため、可能な限り多くの情報を収集し、分析していた。そのさい、ベトナムの軍事力やアメリカの軍事力についても詳細なデータを集め、おそらくベトナム戦争はアメリカがベトコンを抑え切り、北ベトナムを解放して終わると報告したという。

ところが、その後に起こったのは、まったく逆の事態だった。岡崎は自分の分析の失敗を深く反省し、なぜ予想が外れたのか、理由を探った。岡崎は当時、最大のファクターであるアメリカ世論がどちらに傾いているかを重視せずに、政治や軍事だけを見ていた。しかし、アメリカをベトナムから撤退させたのはアメリカの世論だった。

「その後二十年間、私は自分が犯した情勢判断の誤りに悩みつづけてきた。それは共産圏分析ばかりに集中して米国情勢の分析を閑却したことの反省として、米国情勢分析の正統的な手法の開発を触発したという意味では、私の情勢判断能力を抜本的に改善することには役立った」[20]

その後、岡崎はアメリカの情報、ことにアメリカの世論を重視する方向に向かったが、外交評論家になってからは、アメリカの情報だけでいいとまで断言するにいたった。自分が失敗したことで反省するのは謙虚でいいと思うが、だからといって日本人はアメリカだけを見て暮らせというのは戦略的にはあまりに愚かなことだろう。

ミラー・イメージに翻弄される政治学者

日本を代表する情報分析の外交官があまりにも偏った情報観をもっていたのに対して、日本の政治学者、ことにインテリジェンス問題に通じた政治学者はどうかといえば、愕然とするケースが少なくない。それが政権のアドバイザーとなるにいたっては実に危険なことといわねばならない。

ここでは名前を伏せておくが[21]、この国際政治学者は大英帝国のインテリジェンスに詳しく、エリザベス一世時代の諜報機関から現代のＭＩ６まで、実に面白い話を書くので知られていた。それだけにとどまらず、自らも情報の収集・分析を実践し、日本でもインテリジェンスを重視して世界の情報戦に臨むべきだと論じていた。

私もその通りだとおもったので、この国際政治学者が書くものはしっかりと読んでいた。ところが、どうしても首を傾げざるを得なくなったのは、アメリカがイラク戦争に乗りだしたときだった。この国際政治学者は、イラクにはサダム・フセインの核兵器があるといって譲らなかったが、すでに多くの反証材料が出ていた。

開戦に至って有志軍がイラクに入り込んで探索して、核兵器の開発の痕跡すら発見できない状況になっても、イラクに大量破壊兵器があることは確かだが、発見できていないのはアメリカの探知能力が低いからだと自信ありげに言い出した。

イラク国内の情勢が混乱してくると、フセインはイスラム過激派を国内に呼び込んでいると主張したが、欧米のどんな雑誌や新聞でも、イラクに過激派が入ってきたのはイラク戦争以後のことだと報じていた。

いよいよ核兵器が発見されずに、ブッシュ政権のインテリジェンス機能が不十分だったことが明らかになると、こうした情報は日本の進歩派新聞のプロパガンダだと言い出したが、そのころにはアメリカのインテリジェンス・コミュニティでも、核兵器は最初からなかったというのが定説になりつつあった。

民主党の前原誠司氏が代表になったとき、キャリア官僚出身の党員が偽情報におどらされて結局自殺することになった。この国際政治学者は、これも中国のインテリジェンス工作の可能性があると書いて周囲を唖然とさせた。偽情報を売り込んだ人物は名うてのペテン師で、すでにマスコミでは相手にされていなかった。

加えていうと、この国際政治学者は真珠湾をめぐる情報戦について、ルーズベルトは一時間刻みで日本の連合艦隊の動きを知っていたとするフェイク本を信じて論文を書き、たった数行の記述でしかない文献から張作霖爆破ソ連共産党説を支持したが、この説には根拠になるソ連の機密文書などなかったことが明らかになっている。

一連のインテリジェンス問題をめぐるこうした強い思い込みは、日本のインテリジェンスが劣勢にあり、何とか強化したいとの思いから出ていたのかもしれない。しかし、この国際政治学者の場合、自分が思っていることは相手も思っているに違いないと信じ込む、インテリジェンスの世界でいう「ミラー・イメージ」に陥っていたとしか思えない。[22]

戦略や政治にとってインテリジェンスが決定的となることは少なくない。しかし、いくらインテリジェンスのコミュニティを形成し、国家予算を投入して情報機関をつくり、激しい暗闘を通じて情報を収集し分析してもなお、正確な認識には到達できない。そうしたものであることを踏まえて、インテリジェンスは論じなければならないはずである。

ビッグデータ時代の情報処理

インテリジェンスにはもうひとつ、最近のＩＴ（情報技術）との関連で、おそるべき未来が予測されている。そしてそれは、恐らく何分の一かは正しいのだろう。この分野においても、まずはビジネスの世界で繰り広げられたＩＴ革命騒動や、最近のビッグデータ・ブームを振り返っておく必要がある。

インターネットが登場してインテリジェンスの世界が大きく変わったのは確かである。何がいちばん変わったかといえば、情報量が多くなり、その蓄積だけでなく分析にも多大な労力と費用が掛かるようになったということである。

この分野は日が浅いので、インテリジェンスにおけるビッグデータの効果はまだ分からない。とはいえ、民間企業や官公庁が関わったビッグデータにまつわるエピソードから、その未来を占うことはできるかもしれない。

ビッグデータというのは、集積された巨大なデータそのものというより、むしろ、分散していたデータがインターネットなどを通じて集約されることで、一気に処理・分析することが可能になった「状況」と解したほうがよい。

しばしば指摘されるのは、ネット上で買物をしたデータが使用されて、頻繁に「お薦め」の広告が来るだけでなく、注文する以前に「お好み」の現物が送られてくるような、違法ぎりぎりの商売が横行するような事態である。

もちろん、ビッグデータはそうした脱法的マーケティングだけでなく、感染症がどのように広がったかを分析し、感染症の拡大を防ぐのにも利用できるといわれている。また、政府は多くのデータから世論の動向をさぐり、国民が真に望んでいる政策を採用できると肯定的に論じる者もいる。

しかし、フィナンシャルタイムズ・マガジンに掲載されたティム・ハーフォードの「ビッグデータ——私たちはビッグな間違いを犯していないか」[23]は、ビッグデータの社会的貢献として讃えられる感染症の波及予測には十分な根拠がないことを指摘して衝撃を与えた。

ビッグデータの手法は、集められるだけデータを集めて、統計的に未来をシミュレーションするというものだ。いっぽう、感染症を研究する疫学では感染経路を丹念にしらべて構造的に把握しようとする。結果的にはビッグデータが提示した感染予測が疫学と一致していただけでなく、ずっと早く予測できたために注目されたわけだ。

ところがハーフォードによれば、ビッグデータによる予測は大数法則と相関関係があるだけで、細部においては多くの誤差が認められ、「たまたま全体で見れば当たったように見えるだけ」との疑いが濃厚だというのである。

最近の医学や疫学への応用についての本をひもとけば、こうしたビッグデータが示すおおざっぱな予測と、それまでのモデルを細かに作って検証した研究とを照らし合わせて、より確度の高い手法を開発するのがテーマだと述べている。そして、そのためには組織的で綿密な検討が必要だというのである。[24]

ここでも見られるのは、テクノロジーだけがイノベーションを作りあげるのではなく、そのテクノロジーを応用するための理論的な洗練と、そのための組織を含めたハードおよび解析のためのソフト、両方の整備なのである。さらに必要なのが、インテリジェンスに敏感だが冷静な人間が、戦略を担うことであろう。

アメリカはビッグデータを用いるために、日本に対して特定秘密保護法の整備を要求したと指摘する政治学者がいたが、これが本当ならば(同法の第九条などをみればその説はかなり有力といえるが)、たとえば日本国内の世論の動向などをビッグデータで予測したうえで対日政策に用いるということは考えられる。

そしてまた、ネット上に登場するいくつかの兆候を注意深く蓄積して分析すれば、その先に何らかの事件が待っていることも予測できるかもしれない。アメリカのテレビドラマ『パーソン・オブ・インタレスト』では、監視システムと巨大コンピュータが結合することで、さまざまな出来事から未来の犯罪を予知する。こうした予知が完全なものになるとは思えないが、事件発生の可能性を警告する仕組みは実現不可能ではないだろう。

機密から政治への距離

これはインターネットが普及する前のことだが、一九九〇年にアメリカのNSA(国家安全保障局)もイギリスのGCHQ(政府通信本部)も、サダム・フセインのクウェート侵攻の兆候はデータとして把捉できていた。しかし、それを阻止するための行動にでるよう政府を動かすことはできなかった。

ＮＳＡの歴史を研究したマシュー・エイドの『秘密の監視人　国家安全保障局の知られざる歴史』は次のように述べている。

「実にありふれた腹立たしい話だが、侵攻の可能性についての情報は、ブッシュ政権の高官たちによって十分に検討されなかった。その高官には国防長官だったディック・チェイニーが含まれ、彼はフセインがそんな馬鹿なことをするわけがないと思っていた[25]」

すでにインターネットが普及しはじめ、情報のチェックがさらに厳しくなっていたはずの二〇〇一年九月一一日にも、アメリカのインテリジェンス・コミュニティはビン・ラディンの計画のデータ的情報は手にしていたが、アメリカ政府になんらかの行動を促すことはできなかった。

ＮＳＡのリチャード・クラークとＣＩＡのジョージ・テネットは同年七月には、国務長官のコンドリーザ・ライスに対して、アルカイダが「聖戦におよぶ」可能性を予告していた。

「しかし、ブッシュ政権の高官たちは、クラークやテネットの憂慮を共有しようとはしなかった。ことに国防長官のドナルド・ラムズフェルドは、アメリカのインテリジェンス・コミュニティからの情報については信頼をおいていなかった[26]」

たとえ機密情報としてデータがあがってきていても、それが政府の影響力のある高官が重視しなければ、何らかの具体的な対応には至らない。このことは旧日本軍の欠陥とされて、いまも罵倒するのが習慣化しているが、アメリカだって同じようなことが起こるのである。

その後、アメリカ政府は、インテリジェンスの収集と分析が機能するようにするための組織の改編を行っている。しかし、アルカイダの同時多発テロ以後に改訂されたローエンタールの『インテリジェンス　機密から政策へ』（第三版）は次のように述べている。

「二〇〇一年のテロリストによる攻撃は、インテリジェンスの改革を要求する声を再び大きくした。『いまでなければ、いったい何時やるんだ』というのが、このときの改革論者の議論だった。しかし、改革の目的がかならずしも明確ではなかった。いくつもの改革の目的は、お互いの関係があいまいだったので、よく識別することができなかった[27]」

こうして進行したインテリジェンスの改革は、愛国法などにみられるように、国民のプライバシーを大幅に制限する情報収集を可能にし、それは英国などでも進められたが、批判や反撥も大きい。NSAの内情を暴露したエドワード・スノーデンは「NSAはひどいが、GCHQにはかなわない」といったという[28]。

そこまでインテリジェンスの仕組みを強化したはずなのに、オバマ政権になってからも、中東の秩序は不安定なまま推移し、シリア問題は解決不可能となり、ついには「イスラム国」のテロリストが先進諸国に侵入する事態となった。ウクライナにかんするロシアの動向も把握できていたのに、結局はクリミア分割を阻止できなかった。

グランド・ストラテジーの条件

情報の時代に入って、情報機器のイノベーションがあり、いくらインテリジェンス・コミュニティが大きくなっても、それだけで新しい戦略が展開できるわけではない。ましてや、情報の収集や操作によって世界に平和をもたらすことなど、できるはずもないのである。

ここで本書のテーマに立ち返ってみると、戦略とは多くの要素をどのように位置づけて使用していくかが肝要なのだが、もっと重要なのはこの戦略を行う主体はどこにいるのかということである。

戦略とは政治の手段であり、政治の目的を実現するために戦略があるというのはクラウゼヴィッツ以来の真理であるにしても、その政治の目的を決めるのは誰であり、戦略を策定するのは誰なのか、そのことが問われないかぎり、戦略の議論は無意味だろう。

そしてまた、戦略はグランド・ストラテジーがあってはじめて動き始めるなどといってみても、政治とグランド・ストラテジーの担い手はどこにいるのだろうか。日本にかんするかぎり、この点がまったく突き詰めて議論されていないのである。

なかには政治とは、選挙で選ばれた人たちが国会や議会で決めることだと言う人もいるだろう。しかし、クラウゼヴィッツが念頭においていた政治とはハイ・ポリティックスであって、グランド・ストラテジーという場合にもそれが選挙のたびにコロコロ変わったのでは戦略も作戦も戦術も不可能なのだ。

選挙によって変化する政治を超える原則といえば憲法があるではないかという読者もおられるだろう。それはある意味で正しく、たとえばアメリカでは内政においても外交においても、そして戦争においても、アメリカ憲法が機能していることを感じさせた。

憲法が戦略にもかかわるのは、ほかの先進諸国においてもある程度あてはまるが、それは自国の憲法に自国の存続とサバイバルが書き込まれているからである。日本の場合も、もし日本がグランド・ストラテジーの源泉として憲法を掲げたいと思うのなら、そのなかに自国の継続とサバイバルを正当化する条文がなくてはならない。

それが「平和を愛する諸国民の公正と信義に信頼して、われらの安全と生存を保持しよう」というのでは、独自の戦略もグランド・ストラテジーも確立などできはしない。このことは保守派や右翼に特有の主張だと思ったら間違うだろう。

リベラル派の法哲学者である井上達夫氏は、自らのリベラル法哲学の論理にしたがって、憲法九条の削除を主張し続けている[29]。むしろ多くの自称保守派のほうが、単にアメリカの方角をみて主張しているのに過ぎないといえるほどである。

ニューノーマルと常態への復帰

国民自らが、自分たちの政体の継続とサバイバルを、自らが作った憲法や法律によって根拠づけることは最低限の条件である。しかし、すでに述べてきたように、グランド・ストラテジーには歴史と地理というさらなる条件が存在している。

自分たちは世界の大国であると言ってみたところで何の効果もないし、自由自在に世界を移動できると主張しても空しいだけである。

最近、「ニューノーマル」という言葉を聞くことが多くなった。その意味は、世界経済がこれからも高い成長率で発展することはなく、成長率が低くなった世界においては、成長率が高かった時代とは違ったことが「ノーマル（普通）」とされるということである。

中国などの経済低迷を見ていれば納得できるが、しかし、この「ニューノーマル」となる世界において、何％くらいの成長率が「ノーマル」なのだろうか。三％だろうか、二％だろうか。IMF（国際通貨基金）は二〇一七年の世界経済の成長率を三・五％と予測している。

もちろん、この数値は世界がいっせいに豊かになるには少なすぎる。しかし、それはいま以上に人口が急速に増えてゆき、先進諸国がなおも自分たちの取り分を多くしたいと考えているとすればの話である。もし、先進諸国が急激な経済成長を本当にあきらめ、途上国もかつての中国のような一〇％などという成長率を前提としなければ、三・五％でも世界大戦争が起こるなどということはない。

経済成長は必要である。しかし、少しくらい成長率が下がっても神経質になる必要はない。たとえ年率一・二％しかなくとも、一〇〇年それが続けば世界GDPは三倍強になる。これは複利計算だからそうなるのだが、この程度の成長率でも長期でみれば大きな成果が生まれるのである。

しかし、その間も世界の政治は、いまと同じ構造であり続けると考えるのは楽観的すぎるだろう。ここからはこれまでの歴史の傾向といまの世界の動向を照らし合わせて考える必要がある。そのさいマッキンダー流の地政学もモデルスキー流の覇権国家遷移論も必要ない。

一国だけが超大国であったアメリカがいまよりは縮小して、経済停滞に陥っているとはいえ中国がいまより少し大きくなる。ロシアは横這いを続けながらも軍事力を維持し、インドは上下運動は繰り返しても上昇傾向で安定して、ブラジルもなんとか今の危機を克服する。こうした常識的な見通しをもとに考えても、これから世界が「多極化」するのは間違いない。

そもそも、世界が米ソの二大国対立になったのも、ソ連が自滅した後にアメリカ一国だけが超大国として存在したのも、世界史では例外中の例外だった。なかにはローマやイギリスの帝国支配を思い出す人がいるだろうが、ローマの時代には、中国には漢帝国が、中東にはペルシャ帝国が存在し、大英帝国が覇権を握っていた時代にはフランス帝国やオーストリア帝国などが対抗していたのである。つまりは、これからの世界構造は、歴史においては「常態への復帰」の可能性がもっとも高い。

この「常態への復帰」という言葉は、アメリカのウォーレン・ハーディングが一九二〇年の大統領選挙のさいに述べた言葉で、ウィルソンの時代のように、ヨーロッパ大戦に出かけていって参戦するという「異常な事態」からアメリカが撤退することを意味していた。

このときアメリカは内向きになったといわれるが、しかし、その後もアメリカはヨーロッパにもアジアにも介入していく。ただし、それはアングロ・サクソン的な海の向こうからの介入を続ける「オフショア・バランシング」に戻ったのであって、すべてを引き揚げるという意味での「復帰」ではなかった。

これから私たちが日本の戦略を考える舞台は、こうしたニューノーマルの経済と、アメリカが常態へ復帰した政治によって成立する世界である。

サンフランシスコ体制からの脱却

知られているように、キッシンジャーはイラク戦争を支持していたが、近著『世界秩序』[30]では、ブッシュ大統領が理想主義に傾斜してイラクを攻撃したと批判しているので話題になった。しかし、この著作は『外交』で展開した現実主義による勢力均衡論に回帰したものであり、アメリカの理想主義を否定はしないものの、「世界の現実を知った上での外交」を説く、キッシンジャー九一歳の「遺書」といえる。

同書もまた、近代ヨーロッパに生まれた「ウェストファリア体制」こそが、いまの「世界秩序」へと発展したのであり、繰り返された挑戦を乗り切って、営々と維持されてきたと論じている。

一六四八年に成立したウェストファリア条約は、どのような宗派に属するかを領主に任せたので、カトリック教会の政治的影響から各国が脱却することができ、それが国民国家からなるヨーロッパ世界へと移行するきっかけになった。しかも、この体制は、アメリカはもとより日本などアジアの国々をも包括して世界秩序となっていったわけである。

彼が憂慮するのは、イラク戦争の失敗で中東に拡散してしまった、宗教的統一を目指すイスラム的な世界秩序観と、その根底に華夷思想をもつ中国の中華的な世界秩序観の急伸であり、秩序そのものにとって脅威となるサイバー空間の拡大である。

にもかかわらず、キッシンジャーは、勢力均衡論を再評価して、アメリカが世界の現実に基づいて外交を展開すれば、勢力均衡がこれからも「世界秩序」としての指標となることは可能だと考えているようである。少なくとも中東の「イスラムの家」や中国の「冊封体制」が世界秩序たりえるとは考えていない。

では、広義のウェストファリア体制が継続するとして、日本の将来はどのように位置づけられるだろうか。キッシンジャーがウェストファリア的秩序の動揺として取り上げているのは、フランス革命後のナポレオン戦争であり、ヨーロッパ世界を破壊した第一次世界大戦、そしてヒトラーによる第二次世界大戦である。冷戦時代は二極化が進んだが、他国を従えた勢力均衡ではあった。

ヨーロッパの統一を目指すナポレオンの戦争後に生まれたのが「ウィーン体制」であり、ドイツの急伸の結果生じた第一次世界大戦後は「ヴェルサイユ体制」が成立し、ヴェルサイユ体制を打破するとしたヒトラーの第三帝国崩壊後に生まれたのが「ヤルタ・ポツダム体制」だった。

たしかに、それぞれの「体制」が成立することによって、主権国家を単位とする「世界秩序」はいちおう維持されている。しかし、世界秩序の単位をなす国家の性質や規模は変わってしまっている。かつての王国や帝国は第一次世界大戦で激減し、第二次世界大戦後は民主主義を標榜する国家が急増した。冷戦終結後は、アメリカの一極支配が永続するとの予測すら生まれたが、いまや多極化への流れは阻止できない。

こうした歴史の俯瞰から見えてくるのは、たとえ形のうえでウェストファリア的秩序が維持されるとしても、大動乱のなかで変化は間違いなく生じるのであり、消滅してしまう国家もあれば急拡大する国家もあり、生き残ったとしても勢力を急速に縮小させてしまう国家も存在するという事実である。

それをウェストファリア的秩序と呼ぶにせよ、ウォーラステインのように「インターステイト・システム」と称するにせよ、ある程度の主権を持ったユニットが勢力均衡を繰り返しながら存続していくという秩序は、これまでの歴史を振り返ったとき、その継続性は高いように思われる。もちろん、そこには「勝者」も「敗者」も出てくる。

私たちにとっての問題は、日本がその変化のなかでどのような位置を占めていくかである。日本は多極化のなかで一極を獲得できるのだろうか、それとも過去に列強の一つと数えられ、かつて経済的に繁栄した時期のある地域として、極東の歴史にわずかに名前をとどめるだけなのだろうか。

宿命論でも必然論でもなく

ニッコロ・マキャベリは、近代的な戦略論や政治論の創始者とされることがある。それは『君主論』や『政略論』、そして『戦術論』が、ヨーロッパの一七世紀以降に成立したウェストファリア体制のもとでの政治や戦争に多くの示唆を与えてくれるからだ。

とはいえ、それは一五世紀ヨーロッパにおいて、例外的に文化が花開いたイタリアのフィレンツェにおいてのみ可能だった思想であるために、政治思想におけるホッブズや戦略思想におけるクラウゼヴィッツの「先駆者」に甘んじている。

しかし、いまの時点で思い出してよいのは、マキャベリが「フォルトゥナ（幸運）」と「ヴィルトゥ（力量）」の二つによって政治と戦略を論じたことである。[31]

イタリア半島の戦乱に終止符を打つためには冷酷で策略にたけた君主が必要だと論じた『君主論』ではヴィルトゥが強調され、ローマの共和政に範を得ようとする『政略論』においては、与えられた幸運であるフォルトゥナへの配慮が多く論じられた。

この二つの「分裂」を単なるマキャベリの「矛盾」であり、理論における「破綻」として指摘するのはたやすいだろう。しかし、私たちが自国の未来を真剣に考えるとき、この二つを同時に考慮することが必要なのは自明のことである。

日本の戦後はどちらかといえば富という意味のフォルトゥナに恵まれたといえるかもしれない。しかし、そのためには他国への従属が求められた。いかに経済において努力して富を積み上げても、そこから脱却できなかった。

しかし、日本の未来にとって必要なのはヴィルトゥになりつつある。必ずしもそれは傲慢で野蛮な武力をふるうということではない。自らの未来をそれまでのフォルトゥナをも投入して自ら道を切り拓くしかないということである。

そのことを日本は冷戦が終わったときに突き付けられたはずだった。しかし、そこから日本人は必死に目をそむけようとした。それまで実現できていた幸運による国家の運営を何とか維持できるのではないかと思い込みたかったのである。

しかし、ニューノーマルが世界に広がりつつあり、常態への復帰がなされようとしているいま、自分たちの未来を何かにひたすら依存することで切り拓くことはできない。何かの宿命論的な「学説」や運命論的な「思想」にすがるのは、たんに自らの未来を閉ざすことにほかならない。

エピローグ——七〇年間の無限ループからの脱出

最近の地政学ブームに着目し、実は同じような構造をもつ三〇年前の戦略的思考ブームに遡及して、なぜ日本が本来の戦略論にたどりつかないかをみてきた。すでに明らかにしたように、論者たちが結局のところグランド・ストラテジーを論じようとはしていないからである。

グランド・ストラテジーとはつまるところ、空間的な条件と歴史的な条件のなかで、自らの運命共同体の継続と生存を可能にしていく実践知である。この「運命共同体」とは、いま私たちが生きている世界のなかでは日本そのものに他ならない。

コリン・グレイは、戦略理論とは具体的な戦略を提示するものではなく、ただ教育的効果があるものにすぎないと述べたことがある[1]が、まさに一般的な戦略論とは、個々の作戦や戦術を提示するものではなく、それが実践知であることを伝えようとするものなのである。

こうした意味でグランド・ストラテジーとは、その国家の「いきかた」を示すもので、それは地理と歴史のなかで戦略文化として織物のように編まれている。この織物のレベルに達しないかぎり、戦略とか戦略的思考といっても、たかだかそれは技術や科学にとどまり、ノウハウの形式知にすぎないのである。

経済的繁栄を背景にして、自らの冷戦期における存続を主張しようとした戦略的思考ブームは、それなりに意味があったかもしれない。しかし、それが運命論的な地政学を用いた対米従属論であったり、言語矛盾の経済至上主義でしかない政治的リアリズムであったり、戦後繰り返してきた太平洋戦争についての常套的な反省の弁でしかないのであれば、グランド・ストラテジーにつながるはずもなかった。

さらには、グランド・デザインといいかえて、商業国家のグランド・ストラテジーをつくりだそうとしてみても、あるいは軍事的問題を文化やソフトウェア、総合力に還元してみたところで、最終的には軍事力によって担保されている国際社会のなかで、日本を主体的で活力のある運命共同体にすることなど土台、不可能な相談だった。

戦後日本がこうした欺瞞的な状況から抜け出す機会はもちろんあった。まず、さかのぼれば日本がサンフランシスコ条約に調印して国際社会に復帰したときだった。このとき日本の占領は終了したから、アメリカが作り上げていた占領体制をつぎつぎに改変する権利はもちろん日本にあった。

しかし、奇妙なことに日本は憲法をそのまま維持するだけでなく、占領下において破壊された制度や改変された統治の仕組みも、自分たちで新しいものにするのではなく、アメリカが行った改変をそのままにした。もちろん、冷戦時代ははじまっていて、アメリカは日本を西側諸国のひとつで極東における協力国とすることに熱心だったから、脱占領体制なら支持も得られただろう。しかし、再軍備をともなう脱従属には国内の抵抗がきわめて強かった。

とはいえ、西ドイツがその後に行った憲法改正や軍事的な制度の改変を考えれば、日本が占領体制から抜け出そうという意欲において、きわめて消極的だったことは明らかである。これを占領下に行われたGHQの「洗脳」政策のせいにするいわゆる保守派の論者は多いが、たとえそうだとしても、七〇年をへてもそこから正気に戻れないのは自分たちの責任ではないのだろうか。

もうひとつの欺瞞脱却の機会は、経済力が世界第二位となった一九七〇年代から八〇年代にあった。当時はまだ冷戦が続いていたが、アメリカの経済力が陰りをおびてきたこともあって、日本は経済力をテコにして、国際社会における地位向上を大胆に試みてもよかったはずである。その切っ掛けくらいは作れたはずだ。

ところが、そこでブームとなったのは宿命論的な戦略的思考で、湧き起こったのは経済・技術至上主義による「日本は正しかった」の大合唱だった。この奇妙な議論と現象について思想的な批判を試みることが本書の大きな目的であることは、ここまで読んでいただいた方にはお分かりのことと思う。

そしてもっと大きな機会は、冷戦が終焉した一九九〇年代にあった。このとき超大国二極体制が崩壊し、東アジアの勢力の構図も大きく揺らいでいた。常識的に考えればこのチャンスを逃すことなどありえないはずだった。

しかし、日本国内に澎湃《ほうはい》として湧き上がったのは、「日本には国内改革が必要だ」という不思議な空気だった。政治においては、国際問題に目を向ける前に選挙制度を変えなくてはならないという熱狂的な主張が世論を圧していった。[2]経済においては、日本的経営をやめてアメリカ型にしないと世界に置いていかれるという切迫した雰囲気が蔓延した。[3]

こうした現象をさまざまな視点から精神分析的に論じることは可能だろう。それはいまも若手の評論家たちが好んで試みる方法である。とはいえ、いくら精神分析をしても治りたくない患者に対しては無力であり、精神分析学がむかしから指摘しているように、治りたくない患者は新しい病の理屈すら探し出してくるのである。[4]

私たちがいま目にしている地政学ブームもそのひとつであり、該博な知識の持ち主による現象の解説や法則性の指摘においても、宿命論的なトーンとただよう無力感は顕著だといわねばならない。結局、「治りたくない」のである。

したがって、いま私たちがまずすべきことは、宿命論でしかない偽グランド・ストラテジーや戦略論を批判することである。もちろん、私たちに無拘束な自由などあるはずもなく、無限の能力が備わっているわけでもない。

しかし、最初から疑似科学としての地政学や思考停止を推奨する戦略的思考に拘泥するかぎり、この不毛な戦略論の七〇年を繰り返すことになるだろう。それは無限ループのように出口がなく、結局はフリーズするだけのむなしい営みである。

本書で試みたのは、こうした無限ループを作り上げている論理を、まず多くの人に読まれた本を解釈し直し、批判することで炙《あぶ》りだすことだった。しかし、問題なのは対象とした著作物ではない。この七〇年の間に日本人のなかに深く染み付いてしまった紛い物の論理そのものなのだ。

同時に、私たちが使っている政治、グランド・ストラテジー、戦略、作戦、戦術といった、戦略論に登場する言葉が、古典を含めた真剣な議論においてどのように使われているかに注意を払いながら、改めてそれぞれの意味と相互関係を再確認しようと試みた。

こちらもまた、使用法において混乱が多く、論者や流派によって定義や意味の範囲がかなり異なっていることが珍しくなかった。

たとえば、政治とグランド・ストラテジーが相互浸透するという議論や、作戦と戦術が密接になるという話には納得がいったが、戦略と作戦が言葉の接続によって思わぬ広義の言葉に化け、それまであった区別が不明瞭になるのには疑問を感じざるを得なかった。

ここでもグレイの『戦略と政治』を読んでみれば、たとえ浸透が起こっても、それまでのタームの秩序が崩れることを意味しているのでないことは明らかだ。

「私のここでの目的は、戦略理論にとって不可欠の理論的に厳密なカテゴリーが、歴史的な実践のなかでは他のカテゴリーに浸透し、また、他のカテゴリーから浸食を受けることを説明することなのだ。

軍隊じたいは善戦したとしても、政治的にみて絶望的な冒険にコミットしていれば、ほとんど成果を上げることはできない。また、先進的で素晴らしい戦略の実行のさいの際立った作戦上の技術も、もし部隊に戦う気もなく必要なら死も厭わないというのでなければ、それはまったく役に立たない。

もし、クラウゼヴィッツのいう『精神の力』を抱いて進撃するなら、原理上、巧妙に指導されている政治プロセスから引き出される賢明な政策は、熟練した戦略によって可能にされるだろう[5]」

政治と戦略、作戦と戦術が相互浸透することはもちろんありうる。しかし、政治と作戦との関係、つまり目的と手段の関係が「垂直のダイナミズム」などというもので破壊されることはない。作戦が素晴らしいなら、間違った政治も正されるということなど、まずありえないのだ。

これはウィリアムソン・マーレーとマクレガー・ノックスが指摘していることだが、RMA（軍事革命）が主にかかわっているのは政治と戦略の間であり、作戦と戦術の間なのだという[6]。つまり戦略と作戦との間ではないのである。

「政治―戦略」の領域と、「作戦―戦術」の領域との間の関係を、いかに洞察するかが戦略論であって、その論理がRMAによってまったく変わってしまうということは起こり得ないということになる。

逆に考えれば、政治―戦略の「目的」についての考察が神秘的な宿命論であり、作戦―戦術という「手段」が単に科学技術の進歩という決定論であるならば、戦略理論というものは無意味となり、教育的効果も生まれなくなる。

クラウゼヴィッツにさかのぼるまでもなく、政治―戦略の目的と作戦―戦術の手段との関係は、論理的な構造として逆転させてはならないだけでなく、倫理的な要請としても動かすことには慎重でなくてはならないが、これは長期的にのみ問題化する。

たとえば、作戦としての真珠湾攻撃が卓越したものであり、個々の戦術の成功にささえられて完璧に達成され、空母をすべて撃沈したとしても、アメリカの政治は空母を建造して太平洋に復活させ、憤激したアメリカの兵士たちを敵である日本に向かわせただろう。

国力そのものを消耗させて屈服させるという累積的な戦争となった太平洋戦争において、いかに見事な手段による勝利を手にしても、アメリカ国内を初戦で意気消沈させるという戦略の目的が間違っていれば、その勝利はいずれにがい敗北の原因となる。

いかに大きなパワーをもっているとしても、勝利という目的を達成するには必要でなかった二度にわたる核兵器の使用という過剰な手段は、目的と手段の関係において論理的に好ましくないだけでなく、倫理的に非難される事態を招くことになる。

この倫理的な要請は、戦争という事態のなかでは浮上せずに、曖昧なまま推移することはあるだろう。このように手段が目的を従えることも、しばしばこの世界にはある。しかし、それはやがてネメシス（応報）の原理が働くことになる。その行為者が属する運命共同体はモラルを失う危機に見舞われるのである。

本書で述べたことは、もちろん常識的なことであり、ありふれたことにほかならない。もし人間が百年単位の予測の力をもたないならば、国際政治を考える際に、自然史的な法則と思われるものに依存するのは危険であり、急速に生じている目の前の科学技術の飛躍を決定的なものとすべきではないということである。

したがって、私たちに残されているのは、もっと地味で着実な戦略だけである。それは自国の保持するパワーがゆるす限りで、地域的バランスを図るように行動するということにほかならない。[7]

バランス・オブ・パワーは一九世紀ヨーロッパの古いグランド・ストラテジーだと思う人がいるかもしれないが、それが時期によって、さまざまに解釈されてきたことも見てきた。マリタイム・システムに依存して海洋国家として振る舞うことだけがバランス・オブ・パワーでなかったことは、英国の歴史を見れば歴然としている。

近代ヨーロッパ世界においても、もちろんバランス・オブ・パワーは哲学的な思索をともなった観念として発達し、[8]第一次世界大戦までは世界秩序を維持するための、戦略的な常識として受け入れられていた。注目すべきは、それが自然法則でもなければ、自動的に生じるものでもないことである。

そしてまた、自国のパワーだけでは、地域のバランス・オブ・パワーを生み出すことができない場合には、遠く離れた地域のパワーを呼び込むことでそれを実現するというのは、現在でもごくありふれた、論理的で常識的な行動である。

東アジアは、ロシアの後退と中国の急速な台頭によって様相がまったく変わってしまったかに見える。しかし、全体の構図としては、ロシアは依然として存在感をもち、中国が完全に制覇しているわけでもなく、そこにアメリカが介入しているという構造じたいもまったく変わっていない。

日本はこの東アジアという構造のなかで、自国の存立と継続を実現させようとして、この構造じたいを安易に壊してしまうのは得策ではないし、これ以上、この地域において埋没するような事態も避けなくてはならない。

もちろん、私が言いたいことは、今のままがいいという話ではない。この勢力均衡はダイナミックなものであり、これから急激にプレーヤーの比重が変わっていくなかで、日本はそのプレゼンスを確かで大きなものにしていかないかぎり、自らが選択する未来というものはなくなるということである。

その意味で日本がロシアとの関係を深め、中国の背後にあるインドとの交渉をさかんにするのは正しい選択だが、それはロシアが倫理的に正しい国であり、インドが尊敬すべき国だからではない。第一義的にはそれはバランス・オブ・パワーという構造を維持するための手段であり、ロシアやインドとの接近は目的ではないのである。

たとえばロシアがあまりにも倫理的に問題とされる場合には、一時的に関係を浅くすることもありえるが、正義の名において批判して断絶するというのは目的と手段の混同だろう。

日本がどこまで軍備を増強するかという問題も、同じように考えるべきである。いまアメリカではドナルド・トランプが共和党の大統領候補となっている。彼が外交方針のひとつとして掲げたのは、米軍の駐留を維持するには日本や韓国は共同防衛費の全額を支払うべきであり、そうでなければ米軍は東アジアから撤退すべきだという主張である。

トランプがたとえ大統領になってもこの政策がすぐに実現するとは思われないが、「オフショア・バランシング」はアメリカの戦略の有力な選択肢のひとつである。長期的にみてあり得ないことではない。

そのことを考えれば、日本はいまのうちから軍備の質と量を再考せざるを得ないが、そのさいに肝心なのは、自国の戦略を実現するには何が必要かということであり、戦略の諸ファクター間の見直しが課題としてせり上がってくるだろう。

それは自然史的な歴史観や科学技術至上主義が要求することではなく、人間が判断可能な二〇年単位の未来予測が要求する戦略上の問題ということになる。

註

再出の場合には章ごとに改めて記載

プロローグ

1――ハルフォード・ジョン・マッキンダー『マッキンダーの地政学　デモクラシーの理想と現実』原書房　曽村保信訳　二〇〇八年

2――ズビグニュー・ブレジンスキー『ブレジンスキーの世界はこう動く――21世紀の地政戦略ゲーム』山岡洋一訳　日本経済新聞社　一九九八年

3――アルフレッド・T・マハン『マハン海上権力史論　新装版』北村謙一訳　原書房　二〇〇八年

4――岡崎久彦『戦略的思考とは何か』中公新書　一九八三年

5――戸部良一他『失敗の本質――日本軍の組織論的研究』ダイヤモンド社　一九八四年

6――永井陽之助『現代と戦略』文藝春秋　一九八五年

7――岡崎、前出、一五頁　岡崎がバランス・オブ・パワーに否定的であることに注意。

8――たとえば、渡部昇一『ドイツ参謀本部』中公新書　一九七四年、春名幹男『核地政学入門――第三世界の核開発競争』日刊工業新聞社　一九七九年。なお、一九八〇年代になるが、倉前盛通『ゲオポリティク入門――国家戦略策定の仮設』春秋社　一九八二年、曽村保信『地政学入門』中公新書　一九八四年　などがよく読まれた。

9――高坂正堯『文明が衰亡するとき』新潮選書　一九八一年

10――中谷巌「国際国家へ飛翔するパスポート」『中央公論』一九八八年八月号

11――岡崎久彦『二十一世紀をいかに生き抜くか』PHP研究所　二〇一二年　二七一頁

第一章

1――岡崎久彦・日下公人「アメリカ帝国の誕生?」『Voice』二〇〇二年一〇月号　また、渡部昇一「アメリカ幕府が始まった」『Voice』二〇〇三年五月号　などを見れば、当時のいわゆる親米保守派の雰囲気を知ることができる。

2――ポール・ケネディ『大国の興亡（下）』鈴木主税訳　草思社　一九八八年　三四四～三四五頁
3――前出、岡崎「アメリカ帝国の誕生？」
4――スティーヴン・ブルックス、ウィリアム・ウォールフォース「アメリカの覇権という現実を直視せよ」『フォーリン・アフェアーズ日本語版』二〇〇二年八月号
5――サミュエル・ハンチントン「孤独な超大国」『文明の衝突と21世紀の日本』鈴木主税訳　集英社新書　二〇〇〇年　に所収。この論文はネオコンであるチャールズ・クラウサマー「単極構造時代の到来か」『中央公論』一九九一年四月号に対する批判でもあった。
6――ロバート・ケーガン『ネオコンの論理』山岡洋一訳　光文社　二〇〇三年
7――渡部昇一「アメリカ幕府が始まった」前掲。この時期の日本における親米派の雰囲気は、岡崎久彦の『悔恨の世紀から希望の世紀へ』ＰＨＰ研究所　一九九四年　にある次の文章を読んでも推測できるだろう。「今の天下統一は、ローマ帝国や、秦の始皇帝の統一のようなものではなく、豊臣秀吉が、徳川、毛利、島津、伊達などの独立の大名を抱えたまま日本を統一したのと似ていると言える。おそらくは、これは、来るべき数世紀の世界歴史の変転の中で何度か生まれる中央集権的な世界帝国の始まりになるのではないかと思う」一〇五頁
8――ジョン・キーガン『戦略の歴史　抹殺・征服技術の変遷　石器時代からサダム・フセインまで』遠藤利国訳　心交社　一九九七年　二三頁
9――福田和也「帝国の影の下で」『諸君！』二〇〇三年六月号～八月号　Ｊ・キーガンの『戦争と人間の歴史』から次の部分を引用している。「ローマ人の戦争と、同時代および近隣部族の戦争とをもっとも区別するのは、その動機ではなく……残虐性であった。……あらゆる観点からみて（ローマ人の）行動は原始状態から抜け出した他の多くの民族の行動と類似している。……ローマの戦争でもっとも衝撃的なのはその定期性であり……その定期性が、ローマの戦争に病的な性格を与えている」。もちろん福田氏は、こうしたキーガンが描き出すローマの戦争を、アメリカの戦争に直接なぞらえることはしていないが、圧倒的な軍事力を保持した「帝国」が陥る病理として十分ありえると見ていたらしい。「というのも、その力があまりに隔絶しているので、アメリカはいかなる相手にたいしても、好きな時に、勝手な理由で、何の見通しもなしに攻撃し、破壊し、殲滅し、なお何の痛手も受けないからである」。
10――岡崎久彦『国家と情報』文春文庫　一九八四年　一三頁

11――同書、一一七頁
12――岡崎久彦『戦略的思考とは何か』前掲、九六頁
13――岡崎久彦『小村寿太郎とその時代』PHP研究所　一九九八年　二八六頁　なお、I・ニッシュ『日本の外交政策　1869-1942』宮本盛太郎監訳　ミネルヴァ書房　一九九四年　は次のように述べている。「この挿話（ハリマン提案の阻止）が指し示すところは、大陸における日本の将来の役割に関して真の認識を有し、日本の権利および独占的利権の拡張を図る決意を有していたのは、桂（太郎）たちではなく、むしろ小村であった、という事実である」八三頁（ ）内は東谷。桂・ハリマン協定は一九〇五年であり、日本の敗戦は一九四五年だから、その間、四〇年が経過している。これは岡崎のいう外交の見通しの二、三〇年を超えている。
14――同書、三二〇～三二一頁
15――岡崎久彦『繁栄と衰退と――オランダ史に日本が見える』文藝春秋　一九九一年　三〇八頁
16――同書、三〇六頁
17――岡崎久彦『国際情勢の見方』新潮社　一九九四年　二六頁
18――岡崎『戦略的思考とは何か』前掲、六五頁
19――岡崎『国際情勢の見方』前掲、三三頁
20――岡崎『戦略的思考とは何か』前掲、一四一頁
21――岡崎『二十一世紀をいかに生き抜くか』前掲、二五九頁
22――同書、七六～七七頁
23――岡崎久彦「尖閣激突　中国航空戦力が日米を上回る日」『文藝春秋』二〇一四年七月号
24――兵頭二十八『こんなに弱い中国人民解放軍』講談社＋α新書　二〇一五年
25――岡崎『二十一世紀をいかに生き抜くか』前掲、五八頁
26――東谷暁「改めて考える　日本人にとって戦略的思考とは何か」『正論』二〇〇二年一二月号　なお『正論』編集部・編『恐れずおもねらず　雑誌「正論」30年の軌跡』産経新聞社　二〇〇三年　に再録。
27――岡崎久彦・孫崎亨「漂流前夜　日米同盟の命運を徹底検証する」『中央公論』二〇〇九年七月号
28――岡崎『二十一世紀をいかに生き抜くか』前掲、五五頁
29――同書、五六頁

30——同書、二三一頁
31——同書、二五七頁
32——ジョン・メイナード・ケインズ『ケインズ全集8　確率論』佐藤隆三訳　東洋経済新報社　二〇一〇年　三七三〜三七四頁
33——岡崎『戦略的思考とは何か』前掲、二四八頁
34——岡崎『二十一世紀をいかに生き抜くか』前掲、二五七頁
35——岡崎のアングロ・サクソン論のなかのひとつの柱に、日本が日英同盟を廃棄したせいで世界の孤児となり、ついには第二次世界大戦の敗者となったという主張がある。とくに、ワシントン会議で日米英仏の四カ国条約を受け入れた幣原喜重郎に対する評価は厳しい。岡崎は『幣原喜重郎とその時代』ＰＨＰ研究所　二〇〇〇年　のなかで、幣原が「小知恵を出してコチョコチョいじる」外交をしたのが間違いだったと述べている。これなど、結果から原因を無理に導き出している典型例で、日英同盟廃棄は何よりアメリカの強い要求が背景にあったことはよく知られており、日英交流史の泰斗イアン・ニッシュの『衰退する同盟』によれば、英国の政府関係者は継続を望んでいたとしても、英国の世論はすでに二〇一一年の第三次改定のころから懐疑論が多くなっていた。また、英国の経済的利害も、インドから極東に移動していた。Ian H. Nish. *Alliance in Decline*, The Athlone Press, 1972. pp.49-51　アメリカは国際連盟への参加を拒否していたが、完全に国内にこもったわけではなく、外交を通じ、こうした自国の勢力を拡大し続けていることにも注目すべきだろう。

第二章

1——永井陽之助『現代と戦略』文藝春秋　一九八五年　四三頁
2——同書、四一頁
3——同書、二三頁
4——同書、五三頁
5——C・ライト・ミルズ『パワー・エリート（下）』鵜飼信成・綿貫譲治訳　東京大学出版会　一九六九年「現代の権力エリートを理解する構造的鍵は、また、国家の拡大と軍事化にある。この点は、軍部の台頭に明瞭に示されている。将軍たちは、決定的な政治的意義を獲得し、アメリカの軍事構造の相当な部分は、今や、政治構造なので

ある」一六四頁
6――Mark M. Lowenthal, *Intelligence: From Secrets to Policy 3rd ed.*, CQ Press, 2005. P.21-22.
7――永井、前掲、六〇～六一頁
8――文藝春秋編『私の死亡記事』文藝春秋　二〇〇〇年　一五〇～一五一頁
9――長谷川慶太郎『世界が日本を見倣う日』東洋経済新報社　一九八三年　一二七頁
10――同、一二七頁
11――東谷暁『エコノミストは信用できるか』文春新書　二〇〇三年　六一～六二頁
12――永井陽之助『平和の代償』中公叢書　一九六七年　二一九～二二〇頁
13――同、二二一頁
14――坂本義和『核時代の国際政治』岩波書店　一九六七年　一一頁　この「中立日本の防衛構想」は『世界』一九五九年八月号に初出。
15――坂本義和『人間と国家（上）』岩波新書　二〇一一年　一六二頁
16――同、一一一～一一七頁、一二九～一三二頁を参照。
17――永井陽之助『時間の政治学』中公叢書　一九七九年　七九頁
18――同、一〇四～一〇五頁
19――森嶋通夫「新『新軍備計画論』」『文藝春秋』一九七九年七月号、関嘉彦「非武装で平和は守れない」同誌同月号
20――永井、前掲、三五頁
21――同、三六頁
22――同、三六頁
23――梅棹忠夫・司馬遼太郎「日本は〝無思想時代〟の先兵」『文藝春秋』一九七〇年一月号
24――永井、前掲、三七頁
25――同、四五頁
26――宮澤喜一／聞き手・田原総一朗「ソ連は怖いですか?」『文藝春秋』一九八〇年三月号

第三章

1――戸部良一・寺本義也・鎌田伸一・杉之尾孝生・村井友秀・野中郁次郎『失敗の本質　日本軍の組織論的研究』中公文庫　一九九一年　四一二頁　なお、以降の引用はすべてこの文庫版による。

2――同、三六七頁

3――同、三七四頁

4――同、三七五頁

5――同、三九三～三九四頁

6――同、「明治の軍人が戦略性を発揮しえたのは、武士としての武道とならんで兵法が作法として日常しつけられていたからである。その後の日本軍では、日露戦争の幸運なる勝利についての真の情報が開示されず、その表面的な勝利が統帥綱領に集約され、戦略・戦術は『暗記』の世界となっていったのである」三九一～三九二頁。また、「日本軍の指導層のなかでは、理想派よりは、目前の短期的国益を追求する現実派が主導権を握っていた。『大東亜宣言』の一項に、『大東亜各国は相互にその伝統を尊重し各民族の創造性を伸暢した大東亜の文化を昂揚す』とあるが、第一線兵士は現地における現実のなかで、どれほどこの理念を信じて戦うことができたのであろうか」三九三頁。しかし、日露戦争が幸運だけで勝ったのなら明治の軍人の戦略性はあやしいものであり、少なくとも勝利に関係はないことになる。また、大東亜共栄圏のほうが理想像あるいは幻想に近かったわけで、現実派が指導層に多かったのなら、そもそもリスクの高い大東亜戦争など起こすわけがないではないか。

7――同、六八頁

8――同、六九頁

9――もちろん、いわゆる「十五年戦争」説を採れば連続していることになるが、とくにそうした断りはないようである。

10――秦郁彦『明と暗のノモンハン戦史』ＰＨＰ研究所　二〇一四年　三四三～三七四頁。もちろん、秦氏自身が述べているように、いま分かっていることがすべてではないにしても、敗戦直後および『失敗の本質』のノモンハン事件のイメージは、あまりに東京裁判およびソ連のプロパガンダに影響を受けていると言わざるを得ない。

11――『失敗の本質』前掲、六五頁。ソ蒙軍の戦死・戦傷合計が一万八五〇〇人となっているのは、根拠が示されていないが、秦前掲三五八頁の表によれば一九八〇年のソ連軍事百科事典の数値ということだろうか。あるいは、文献にあげている平井友義「ソ連史料からみたノモンハン事件」（『歴史と人物』増刊　中央公論　一九八三年一月）によるものか。
12――秦、前掲、三五八頁の表
13――同、三六〇頁
14――同、四二一頁
15――福井雄三『「坂の上の雲」に隠された歴史の真実』主婦の友社　二〇〇四年　なかでも「第四章　ノモンハン事件。司馬氏が書こうとして果たせなかったライフワーク」参照。
16――福井雄三「スターリン神話にのせられた伝説『ノモンハン大敗北』の虚構」『中央公論』二〇〇五年一月号
17――『失敗の本質』前掲、二九八〜二九九頁
18――同、二九九頁。もちろん、この指摘は戦車の後進性とのアンバランスを論じるためのものだが、当時のソ連の戦車がどこまで先進性を備えたものかを論じないでは意味がない。本文で指摘したように、当時、ソ連の戦車には走行射撃もできないようなものが見られた。また、ゼロ戦が優れているというが、その栄光は短期間であったことは太平洋戦線で明らかだった。アンバランスは不幸にしてマイナスの意味でバランスに達した。ということは、そもそも日本の工業力と経済力が問題であったという、グランド・ストラテジーのレベルのことであり、日本軍の組織に主な原因を帰してよいかどうかは微妙だろう。
19――福井『「坂の上の雲」に隠された歴史の真実』前掲、一一五頁
20――秦、前掲、四二一頁 秦氏は、「あとがき」にはこのように記したが、第五章の最後の数行では半藤氏の「火遊び」という言葉に同意している。この著作には、記述のトーンを含めて、こうした齟齬がいくつか見られる。
21――野中郁次郎編著『失敗の本質　戦場のリーダーシップ篇』ダイヤモンド社　二〇一二年　リヒャルト・ゾルゲの諜報活動がソ連の対日戦略に影響を与えたことは、すでに広く知られたことである。また、日本の政府と軍部が情報組織を低く評価して、しばしば情報戦において劣勢に回ったことも周知の事実だった。もしソ連の情報戦略についていま論じるなら、いかにして戦後日本においてノモンハン事件の歪んだイメージが流布したのか、そしてまた『失敗の本質』においてなぜソ連のプロパガンダそのもののような記述に陥ったのかについて、真剣に再検討すべきなのである。
22――永井陽之助『現代と戦略』文藝春秋　一九八五年　三五四頁

23――岡崎久彦『戦略的思考とは何か』中公新書　一九八三年　八九頁
24――同、九〇頁
25――これは、日露戦争の経験を想起していることが多いが、近代ヨーロッパの一九世紀までの戦争は、ほとんどがこうした戦争だった。
26――須藤眞志『ハル・ノートを書いた男――日米開戦外交と「雪」作戦』文春新書　一九九九年　一七七頁および一七九頁　本書が示しているのは、ハル・ノートを詳細に検証する以前に、日本の中枢は開戦を決めてしまっていたという恐るべき事実である。
27――同、一七八頁　なお、須藤眞志『真珠湾〈奇襲〉論争　陰謀論・通告遅延・開戦外交』講談社選書メチエ　二〇〇四年　第七章も参照。こちらのほうが、先行する著作に比べて、ハル・ノートを検討する以前に開戦を決定したことが強調されている。
28――岡崎久彦『二十一世紀をいかに生き抜くか』ＰＨＰ研究所　二〇一三年
29――東谷暁「米国型『社外取締役』は無用の長物だ」『文藝春秋』二〇一五年七月号
30――同
31――沼上幹『組織戦略の考え方――企業経営の健全性のために』ちくま新書　二〇〇三年　第一章

第四章

1――船橋洋一『21世紀　地政学入門』文春新書　二〇一六年　四頁　こんなのは地政学ではないという評も少なくない。しかし、では地政学とは何かといわれると、マッキンダーもどきの神秘本みたいなものをあげる人も多い。もちろん、船橋氏の著作には予定調和的なものが多いのは確かで、この著作はいわば地理と経済からみた国際政治談議である。とはいえ、狂信的な似非科学的決定論を、世界の秘密を解いたかのように振り回している本も困りものである。
2――同、三七頁
3――山内昌之・佐藤優『新・地政学』中公新書ラクレ　二〇一六年　七頁
4――兵頭二十八『「地政学」は殺傷力のある武器である。』徳間書店　二〇一六年　第五章
5――ハルフォード・ジョン・マッキンダー「地理学からみた歴史の回転軸」『マッキンダーの地政学　デモクラシ

ーの理想と現実』曽村保信訳　原書房　二〇〇八年　に所収。二五四頁

6――同、二六七頁

7――同、二七三頁

8――アルフレッド・マハン『海上権力史論　新装版』北村謙一訳　原書房　二〇〇八年　四六頁

9――マッキンダー、前掲、一七七頁

10――ニコラス・J・スパイクマン『平和の地政学――アメリカ世界戦略の原点』奥山真司訳　芙蓉書房出版　二〇〇八年　一一七頁

11――Hans Morgenthau, Revised by Kenneth W. Thompson, *Politics among Nations, 6th. ed.*, McGraw-Hill, 1980. p.178.

12――Geoffrey Sloan, and Colin S. Gray, "Why Geopolitics?," Colin S. Gray and Geoffrey Sloan, *Geopolitics, Geography and Strategy*, Routledge, 1999.p.1, pp.4-5.　キッシンジャーの著作とは『キッシンジャー秘録③北京へ飛ぶ』桃井真監修　斎藤彌三郎他訳　小学館　一九八〇年「アメリカには、外交政策を悪と善との力比べとみる理想主義的な伝統がある。出たとこ勝負で『問題』を解決しようとする実利主義的な伝統がある。国際問題を裁判事件として取り扱う法律尊重主義の伝統がある。ないのは、地政学的な伝統である」四〇六頁　ただし、スローンとグレイによると、ここでキッシンジャーが「地政学」と呼んでいるのは、バランス・オブ・パワーのことだという。

13――Colin S. Gray, "Inescapable Geography", Gray *et al., op. cit.* p.164.

14――*Ibid.*, p.164.

15――*Ibid.*, p.169. なお、この点については、地政学の再興者としてのグレイがなぜ自分の地政学は決定論ではないと繰り返し論じているか、不自然に思う人がいるかもしれない。しかし、地理的要素を決定的と思うか、それを避けられない大きな要素とするかには十分な違いがある。グレイは後者なのである。Colin S. Gray, *Fighting Talk: Forty Maxims on War, Peace, and Strategy*, Potomac Books, 2009. の "All Strategy is Geostrategy" の項目を参照のこと。また、カール・フォン・クラウゼヴィッツ『戦争論（上）』清水多吉訳　中公文庫　二〇〇一年　二五七頁

16――永井陽之助『現代と戦略』文藝春秋　一九八五年　四五頁

17——石橋湛山『石橋湛山評論集』岩波文庫　一九八四年「大日本主義の幻想」

18——Colin S. Gray, *Strategy for Chaos: Revolutions in Military Affairs and the Evidence of History*, Routledge, 2002. p.123.

19——*Ibid.*, p.123.

20——Colin S. Gray, *The Strategy Bridge*, Oxford University Press, 2011. Colin S. Gray, *Strategy and Politics*, Routledge, 2016. p.167.

21——Colin S. Gray, *War, Peace and International Relations: An Introduction to strategic history*, Routledge, 2007. p.40.

22——クラウゼヴィッツ、前掲、一四六～一四七頁

23——Colin S. Gray, *Modern Strategy*, Oxford University Press, 1999. p.48. コリン・グレイ『現代の戦略』奥山真司訳　中央公論新社　二〇一五年　八九～九〇頁

24——東谷暁「本棚　戦略の本質」『諸君！』二〇〇五年一〇月号

25——野中郁次郎他『戦略の本質』日本経済新聞社　二〇〇五年　一一七頁

26——マーチン・ファン・クレフェルト『補給戦——何が勝敗を決定するのか』中公文庫ＢＩＢＬＩＯ　二〇〇六年　二五四～二五五頁、二七一頁

27——バジル・H・リデルハート『第二次世界大戦』中央公論新社　一九九九年　二八六頁

28——A・J・P・テイラー『第二次世界大戦の起源』吉田輝夫訳　中央公論社　一九七七年　この本のなかでテイラーは、ヒトラーは「はったり」だらけの機会主義者であり、欧州の国々はその異質なやり口に翻弄されたのだと主張した。

29——A・J・P・テイラー『第二次世界大戦——目で見る戦史』古藤晃訳　新評論　一九八一年　一八二頁

30——デビッド・D・グランツ、ジョナサン・M・ハウス『詳解　独ソ戦全史——「史上最大の地上戦」の実像　戦略・戦術分析』守屋純訳　学研M文庫　二〇〇五年　が参考にされている。しかし、右書ではスターリングラードの市街戦をこのように書き表しながら、それは恐るべき消耗戦であることを強調している。「ソ連側は信じられないほどの犠牲をものともしなくなり、ドイツ側の攻撃力は次第に吸収されていった。／薄く広がった独軍は、特に歩兵連隊が着実に摩耗していった。だが、この摩耗はソ連側の膨大な犠牲によって成し遂げられるものだった」二

六〇頁。なお、パウル・カレル『新装版　バルバロッサ作戦　ソ連侵攻にかけるヒットラー』松谷健二訳　一九七一年　によれば「第六軍がスタリングラードで包囲されるという事態を招いた誤認は、十一月おわりにはじまったのではない。責任はパウルスにではなく、晩夏のドイツ最高司令部の指令にあるのだ」四八四頁。これらは、『戦略の本質』にあげられた参考文献からの引用である。こうした文献からどうしてソ連軍の「作戦戦略」が逆転を生み出したという結論が出るのか不明である。あるとすれば文献のひとつ、ワシリー・I・チュイコフ『ナチス第三帝国の崩壊　スターリングラードからベルリンへ』小城正訳　読売新聞社　一九七三年　だが、チュイコフはソ連軍の当事者であり、西側の文献は間違っているとだけ述べた記述以外に、スターリングラードについて詳しく述べた部分はない。そもそも、この時期のソ連発文献を留保なく採用するのはいかがなものか。

31――「日本軍が固執した白兵戦突撃作戦は、貧弱な生産力が兵士に強要した苦しまぎれの戦法であり、多数の重砲や戦車を動員する戦闘方式は巨大な生産力と不可分のものであった」戸部良一他『失敗の本質　日本軍の組織論的研究』中公文庫　一九九一年　五六頁。あえて、次の文章も引用しておく。「日本兵士は、戦車に上り、戦車砲や機関銃を打撃し、これで標準を狂わせ使用不能にしたが、日本兵士が苦労したのは間違いない。／ソ連戦車には走行しながら射撃する技術がなく、射撃するために停車したので、そこを日本軍に砲撃されて破壊された」。小田洋太郎・田端元『ノモンハン事件の真相と戦果――ソ連軍撃破の記録』原史集成会　二〇〇二年　三七頁。『失敗の本質』の文献は、ソ連文献に影響を受けた五味川純平の『ノモンハン』を含めれば、ほぼ半分がソ連情報もしくはソ連プロパガンダによっていると見なさざるをえない。

32――『戦略の本質』前掲、三二一頁

33――Holger H.Herwig, "Geopolitik: Haushofer, Hitler and Lebensraum," Gray *et al.*, *op. cit.* pp.218-241　ハウスホーファーの影響がルドルフ・ヘスを介してどこまでヒトラーに及んだかについて、短いが精密な分析を施している。

34――Reinhard Mehring, *Carl Schmitt: Aufstieg und Fall. Eine Biographie*, C. H. Beck, 2009. p.263.

35――カール・シュミット『現代帝国主義論』長尾龍一訳　福村出版　一九七二年　一三八頁

36――カール・シュミット『海と陸と――世界史的一考察』生松敬三、前野光弘訳　福村出版　一九七一年　六八頁

37――カール・シュミット『大地のノモス』新田邦夫訳　福村出版　一九七六年

38――梅棹忠夫「文明の生態史観序説」『中央公論』一九五七年二月号　なお、『文明の生態史観』中公文庫　一〇九

～一三三頁、二一二～二一八頁

39――矢野暢「『文化的共鳴』の理論」『中央公論』一九七九年八月号　なお、『東南アジア世界の論理』中公叢書　一九八〇年　一二三頁

40――矢野暢「政治的生態史観のすすめ」『中央公論』一九八一年八月号　なお、『国家感覚　政治的生態史観のすすめ』中央公論社　一九八六年　六一頁

41――ジョージ・モデルスキー『世界システムの動態』浦野起央訳　晃洋書房　一九九一年　五三～五五頁

42――同、三一二～三一三頁

43――ポール・ケネディ『大国の興亡　上巻』鈴木主税訳　草思社　一九八八年　二～九頁

44――金観濤・劉青峰『中国社会の超安定システム』若林正丈他訳　研文出版　一九八七年　一二頁

第五章

1――カール・フォン・クラウゼヴィッツ『戦争論（上）』清水多吉訳　中公文庫　二〇〇一年　六三頁

2――同、六四頁

3――ジョン・キーガン『戦略の歴史――抹殺・征服技術の変遷　石器時代からサダム・フセインまで』遠藤利国訳　心交社　一九九七年　二三頁

4――Colin S. Gray, *The Strategy Bridge*, Oxford University Press, 2011. p.167.

5――Colin S. Gray, *Strategy and Politics*, Routledge, 2016. p.1.

6――*Ibid.*, p.14.

7――カール・フォン・クラウゼヴィッツ『戦争論（上）』中公文庫　二四九頁

8――クラウゼヴィッツはプロシャ内では改革派であり、英国の政治に憧れていたという。ピーター・パレット『クラウゼヴィッツ「戦争論」の誕生』白須英子訳　中央公論社　一九八八年　二八二頁

9――ジョセフ・ワイリー『戦略論の原点』奥山真司訳　芙蓉書房出版　二〇一〇年　一三頁および一二〇～一二一頁

10――マーティン・ワイト『国際理論――三つの伝統』佐藤誠・安藤次男他訳　日本経済評論社　二〇〇七年　二七頁　もちろん、三つに分けたからといってそれで国際社会の理解が完全に可能になったわけではない。

11——Alexander Wendt, *Social Theory of International Politics*, Cambridge University Press, 1999. p. 247. なお、ウェントは現在の国際社会はロック的な文化を持っていると論じているが、それは世界政府がないというアナーキーな社会のなかで、いくつかのルールは存在していると見るからである。

12——ヘンリー・A・キッシンジャー『外交　上巻』岡崎久彦監訳　日本経済新聞社　一九九六年　二一頁

13——ロバート・ケーガン『ネオコンの論理　アメリカ新保守主義の世界戦略』山岡洋一訳　光文社　二〇〇三年九九頁

14——ネオコンの誕生については、佐々木毅『現代アメリカの保守主義』岩波書店　一九九三年　一六～一八頁、一八六～一九五頁。レオ・シュトラウスとコジェーヴの決裂については、Leo Strauss, Alexander Kojéve, *On Tyranny: Including the Strauss-Kojeve Correspondence*, Not Avail, 2014. p.xii. シュトラウスは学問と現実の間の矛盾は当然のことと受け止めているが、コジェーブは学問によって得た認識は現実で試されると考えた。

15——Francis Fukuyama, "The End of History?," *The National Interest*, 1989.

16——Francis Fukuyama, *America at the Crossroads: Democracy, Power, and the Neoconservative Legacy*, Yale University Press, 2007. p.xi. pp.183-184. p.191.

17——ハンス・モーゲンソー『国際政治』全三巻　原彬久監訳　岩波文庫　二〇一三年　それまでも『国際政治——権力と平和』現代平和研究会訳　福村出版　一九八六年　があった。

18——ロバート・O・コヘイン、ジョセフ・S・ナイ『パワーと相互依存』滝田賢治訳　ミネルヴァ書房　二〇一二年　三七頁などを参照。

19——Joseph S. Nye Jr., *Bound to Lead: The Changing Nature of American Power*, Basic Books, 1991. p.188.

20——Joseph S. Nye Jr., *Understanding Global Conflict and Cooperation: An Introduction to Theory and History*, Longman, 1th. ed. p. 53.

21——Walter Russell Mead, *Power, Terror, Peace, and War: America’ s Grand Strategy in a World at Risk*, Vintage Books, 2004. p.29.

22——G・ジョン・アイケンベリー『アフター・ヴィクトリー——戦後構築の論理と行動』鈴木康雄訳　ＮＴＴ出版　二〇〇四年　二九七頁

23——Hans Morgenthau, Revised by Kenneth W. Thompson, *Politics among Nations, 3nd ed.*, McGraw-Hill,

1980. p.31.
24——*Ibid.,* p.207.
25——Kenneth N. Waltz, *Man, the State, and War: A Theoretical Analysis,* Columbia University Press, Revised ed., 2001. p.10.
26——Kenneth N. Waltz, *Theory of International Politics,* McGraw-Hill, 1979.
27——たとえば、Robert O.Keohane ed., *Neorealism and Its Critics,* Columbia University Press 1986.
28——祖父江孝男訳編『文化人類学リーディングス』誠信書房　一九六八年　に所収の論文参照。レヴィ＝ストロース「家族」、ジョージ・ホーマンズ、デヴィッド・シュナイダー「交叉イトコ婚と系譜」。もちろん、ここで文化人類学の論争を取りあげることが目的ではない。
29——グレアム・アリソン『決定の本質——キューバ・ミサイル危機の分析』宮里政玄訳　中央公論社　一九七七年　同書には冷戦終結後に公開された史料に基づく改訂版がある。『決定の本質——キューバ・ミサイル危機の分析　第２版（Ⅰ・Ⅱ）』漆嶋稔訳　日経ＢＰ社　二〇一六年　新資料が公開されたら、このように再考・改訂するのが当然だろう。
30——Waltz, *op. cit.* p.122.
31——中野剛志『反官反民　中野剛志評論集』幻戯書房　二〇一二年　七八頁　中野氏のリアリストおよび勢力均衡についての評価は、中野『世界を戦争に導くグローバリズム』集英社新書　二〇一四年　を参照。全体としての評価はかなり高い。
32——John Keegan, *The Iraq War,* Hutchinson, 2004. p.210.
33——これから理想的な平和に近づいていくとする、カント的な世界像に基づく国際政治理論にとって、現在の状況はその過程にすぎない。しかし、それはどのあたりに位置するのだろうか。また、覇権国家や帝国を形成することが世界安定に寄与するという議論においても、なぜその覇権国家や帝国が自国にとって益すると考えることができるのだろうか。強い国家に常に従属すればよいという議論は、まさに政治地理学的にいって不可能である。

第六章

1——E. H. Carr, *The Twenty Years' Crisis, 1919-1939: An Introduction to the Study of International*

Relations, Harper & Row, 1964. p. 1.「一九一四年に至るまで、国際関係についての行動は、それにたずさわっているプロたちの関心事項であった。民主主義国においても、外交は政党政治の視野からは伝統的に除外されるべきものと見なされていた」。

2——Williamson Murray, "Thoughts on Grand Strategy," Williamson Murray, Richard Hart Sinnreich, James Lacey ed., *The Shaping of Grand Strategy*, Cambridge University Press, 2011. p.14.

3——*Ibid.*, p.12.

4——桃井真『戦略(グランドデザイン)なき国家は、挫折する』カッパ・ビジネス　一九八四年　一一四頁

5——同、一二〇頁

6——同、一七四頁

7——Murray, *op. cit.* p.1.

8——*Ibid.*, p.28.

9——Colin S. Gray, *Strategy for Chaos: Revolutions in Military Affairs and the Evidence of History*, Routledge, 2002. pp.206-207.

10——Murray, *op. cit.* p.13.

11——*Ibid.*, p.11.

12——*Ibid.*, p.12.

13——Paul Kennedy ed., *Grand Strategies in War and Peace*, Yale University Press, 1992. p.3.

14——*Ibid.*, pp.4-5.

15——*Ibid.*, p.5.

16——司馬遼太郎『ロシアについて　北方の原形』文春文庫　一九八九年　このエッセイでは『坂の上の雲』と『菜の花の沖』を書いたことで生まれたロシアへの強い関心と「愛」を形にしたかったと述べているが、シベリアやモンゴルについて多くが割かれている。注目すべきは、ロシアには圧迫を受けているという強迫観念のようなものがあると指摘していることであり、こうした圧迫の「原形」についてももっと述べておいてほしかった。

17——E・H・カー『ロシア革命——レーニンからスターリンへ』塩川伸明訳　岩波現代文庫　二〇〇〇年　一〇八頁

18――Murray, *op. cit.* p.19.
19――*Ibid.*, p.19.
20――ジョージ・F・ケナン『アメリカ外交50年』近藤晋一、飯田藤次、有賀貞訳　岩波現代文庫　二〇〇〇年　一五九〜一九一頁
21――ウォルター・ラカー『スターリンとは何だったのか』白須英子訳　草思社　一九九三年　一頁
22――ポール・ヴァレリー『ヴァレリー・セレクション（上）』東宏治・松田浩則訳　平凡社ライブラリー、二〇〇五年「方法的制覇」を参照。
23――ヘンリー・A・キッシンジャー『外交　上巻』岡崎久彦監訳　日本経済新聞社　一九九六年　一七八頁
24――ヘンリー・A・キッシンジャー『外交　下巻』岡崎久彦監訳　日本経済新聞社　一九九六年　五一九〜五二〇頁
25――エマニュエル・トッド『「ドイツ帝国」が世界を破滅させる　日本人への警告』堀茂樹訳　文春新書　二〇一五年
26――Henry Kissinger, *On China*, Penguin Books, 2012. p.3.
27――エドワード・ルトワック『中国4・0　暴発する中華帝国』奥山真司訳　文春新書　二〇一六年　一五五頁
28――エドワード・ルトワック『エドワード・ルトワックの戦略論』武田康裕訳　毎日新聞社　二〇一四年　三二頁
29――ルトワック『中国4・0』前掲、一六七頁
30――同、一六八頁

第七章

1――第一次世界大戦後のヴェルサイユ条約が、「正戦」の復活だったと指摘したものに、長谷川三千子『正義の喪失』ＰＨＰ研究所　一九九九年「第二次大戦後の勝者の敗者に対する態度は、第一次大戦と比べて、はるかに『寛大』であり、苛酷の度合いが少なかつたのかと言へば、ことはさう簡単ではない」二六頁
2――同、「第一次大戦後の勝者たちの『正義』の誇示が、いかなる仕方で行はれたのかを理解するには、なによりも、ヴェルサイユ条約第二二七条――いはゆる『カイザー訴追』条項――をふり返つてみることが必要である」二六頁

3――同、「まづ第一に、すべてに先立つて存在してゐたのは、英仏両国における、巨額な賠償金への欲求である。……そして、これらの背景にもとづき、英仏両国はいはゆる『全額賠償』……を強硬に主張したのであつた」二三頁。次の部分には特に注意。支払いの義務があるとした「ランシング・ノート受諾は、全額賠償の承認である、といふ解釈がなされることになる。そして、そのことから、ひるがへつて、ドイツの『戦争責任』が明白に認められた、といふことにされたのであつた」二三～二四頁

4――たとえば、田原総一朗「スーパーチューズデーでも吹き荒れた『トランプ旋風』はなぜ止まらない?」ヒューマンキャピタルOnline　二〇一六年三月一〇日。「イスラム移民のトランプ氏が大統領になったらイスラム国（IS）に本格的な戦争を仕掛けるのではないかと危惧する人もいるが、僕はそうは思わない。実はトランプ氏の考えは、モンロー主義に近いものがあるからだ。アメリカという国は、元々はモンロー主義だ。モンロー主義とは、欧米両大陸がお互いに干渉しないというアメリカの伝統的な外交政策である」。では、いつからいつまでがモンロー主義で、いつからいつまでがそうでないのか。アメリカが孤立主義という意味でモンロー主義であったのは、せいぜい一九世紀末までであろう。

5――ヘンリー・A・キッシンジャー『外交　上巻』岡崎久彦監訳　日本経済新聞社　一九九六年　第二章、二一頁

6――Henry Kissinger, *World Order: Reflection on the Character of Nations and the Course of History*, Penguin, 2015. pp.362-363.

7――Walter Russell Mead, *Special Providence: American Foreign Policy and How It Changed the World*, Knopf, 2012. p.xvii

8――ソ連を「封じ込め」にするというグランド・ストラテジーには、いくつもの思想と思惑が流れ込んでいった。たしかに、ジョージ・ケナンが「封じ込め」を主張したのであり、その構図はマッキンダーの地政学に重なっていたが、ケナンにそうした地政学的な発想があったかといえば、少なくとも彼の書いたものからは読み取れない。また、ケナンの自伝George Kennan, *Around the Cragged Hill: A Personal and Political Philosophy*, W. W. Norton & Company, 1993. にマッキンダーは登場しない。ただ、マハンは出てくる。「アルフレッド・T・マハン提督の著作はアメリカ人の思考に深く影響を与えた。特に、海軍の当事者たちが、二〇世紀初頭から存在感を示すにつれて、シー・パワーの使い方について、影響は大きかった。しかし、ランド・パワーについて彼らはあまり語っていない」p.213. ケナンがランド・パワーについて知るための本として推奨しているのはクラウゼヴィッツ

とジョミニの本である。また、一九七七年に『核時代の地政学』を書いて地政学を「再興」したはずのコリン・グレイは、戦略に決定論を持ち込むことは拒否している。

9——ジョージ・F・ケナン「ソビエト対外行動の源泉」、フォーリン・アフェアーズ・ジャパン編・監訳『フォーリン・アフェアーズ傑作選1922—1999』朝日新聞社　二〇〇一年　一六六〜一六七頁

10——ウォルター・リップマン「封じ込め政策ではなく、大いなる妥結を」フォーリン・アフェアーズ・ジャパン編・監訳、前掲、一九八〜一九九頁

11——Colin S. Gray, "Harry S. Truman and the forming of American grand strategy in the Cold War, 1945-1953," Williamson Murray, Richard Hart Sinnreich, James Lacey ed., *The Shaping of Grand Strategy*, Cambridge University Press, 2011. p.249.

12——*Ibid.*, p.250.

13——*Ibid.*, p.251.

14——*Ibid.*, p.253.

15——ジョン・L・ガディス『冷戦——その歴史と問題点』河合秀和、鈴木健人訳　彩流社　二〇〇七年　四三頁

16——同、四四頁

17——同、四七頁

18——Gray, *op. cit.* p.245.

19——ガディス、前掲、七四頁

20——Kenneth N. Waltz, "Structural Realism after the Cold War," *International Security*, Vol. 25, No. 1 (Summer 2000), pp.5-41. 正確には、戦略の局面を変えてしまうような「ビッグ・チェンジ」のなかで「最もグレートなチェンジ」だと述べている。

21——Henry A. Kissinger, *Nuclear Weapons and Foreign Policy*, Literary Licensing, LLC. 2011. p.226.

22——ヘンリー・A・キッシンジャー「限定戦——核か在来型か」、高坂正堯・桃井真編著『多極化時代の戦略(上)』日本国際問題研究所　一九七三年　三〇八頁

23——ガディス、前掲、六七頁

24——アレックス・アベラ『ランド　世界を支配した研究所』牧野洋訳　文藝春秋　二〇〇八年　一〇七頁

25——アルバート・ウォールステッター「こわれやすい恐怖の均衡」、高坂正堯・桃井真前掲、三八七頁
26——Mark M. Lowenthal, *Intelligence: From Secrets to Policy 3rd ed.*, CQ Press, 2006. p.24.
27——トマス・シェリング「軍備コントロールの潜在的安全保障機能」、高坂正堯・桃井真前掲、五一六頁
28——George P. Shultz, William Perry, Henry A. Kissinger and Sam Nunn, "A World Free of Nuclear Weapons," *The Wall Street Journal*, January 4, 2007.
29——ロバート・S・マクナマラ「核兵器の保有を正当化する理由はもはや存在しない」『ニューズウィーク日本版』一九九六年二月七日号では、マクナマラの言葉を「他国の核兵器が全廃されることになれば、(アメリカの)議員たちも自国の核兵器廃絶に反対したりしないのではないか」と〝直訳〟している。

第八章

1——Henry Kissinger and George P. Shultz, "The Iran Deal and Its Consequences," *The Wall Street Journal*, April 7, 2015. なお、この章は『正論』二〇一五年一二月号の小論に加筆したものである。
2——Tong Zhao, "Strategic Warning and China's Nuclear Posture," *The Diplomat*, May 28, 2015.
3——たとえば、Daily Mail Reporter, "China 'has up to 3,000 nuclear weapons hidden in tunnels', three-year study of secret documents reveals," *Mail Online*, 1 December 2011.
4——清水幾太郎「日本よ国家たれ　核の選択」『諸君!』一九八〇年七月号
5——黒崎輝『核兵器と日米関係——アメリカの核不拡散外交と日本の選択1960—1976』有志舎　二〇〇六年　一〇頁
6——同、四七頁
7——伊藤昌哉『池田勇人とその時代』朝日文庫　一九八五年　二三四頁
8——黒崎、前掲、一九〇～一九一頁
9——「NHKスペシャル」取材班『〝核〟を求めた日本　被爆国の知られざる真実』光文社　二〇一二年　三六頁
10——同、五四頁
11——黒崎、前掲、一九四頁、また、二〇四頁
12——楠田實『楠田實日記——佐藤栄作総理首席秘書官の二〇〇〇日』中央公論新社　二〇〇一年　二六〇頁

13——二〇〇二年八月六日付　産経新聞。この機密会談は電子文書として公開され、さらに、日本では毛里和子・増田弘監訳『周恩来　キッシンジャー機密会談録』岩波書店　二〇〇四年　として刊行された。省略の多い新聞の文章に比べ、岩波版は当然のことながら内容が豊富なので、産経版の引用部分に相当する会話を記載しておく。キッシンジャー「第一に、我々は日本の核武装に反対します。……第二に、我々は日本の通常兵器が、日本の四島を防衛するのに十分な程度に限定することが好ましいと考えています」。周恩来「もしあなた方が、日本の核武装を望まないと言うのなら、それは日本が他国を脅すために、あなた方が防御的な核の傘を提供するということですか?」。キッシンジャー「日本の行為によって生じるような軍事的紛争に対して、核の傘が適応されるなどということを、私はきわめて疑わしいと思っています。核の傘は、本来、日本列島に対する核攻撃に対して適応されるものです。我々が核兵器を、自国のために使うのと同じように、日本のために使うのではないことは当然です」。

14——もちろん、「そうではない、広島と長崎の現実を見ろ」という人はいるだろう。しかし、ここで私が意味しているのは、攻撃された側の被害の甚大さではなく、核戦略という（冷酷な、といってもよい）レベルの話である。

15——Pierre M. Gallois, *The Balance of Terror: Strategy for the Nuclear Age*, Houghton Mifflin Company, 1961. p.149.

16——一九六四年一月三〇日付　毎日新聞。なお、高坂正堯『高坂正堯著作集　第1巻』高坂正堯著作集刊行会編　都市出版　一九九八年　一五一頁を参照。

17——Andre Beaufre, *Deterrence and Strategy*, Frederick A. Praeger, 1965. p.103.

18——Kenneth N. Waltz, "Spread of Nuclear Weapons: More May be Better," *Adelphi Papers*, International Institute for Strategic Studies, 1981.

19——Scott D. Sagan and Kenneth N. Waltz, *The Spread of Nuclear Weapons: A Debate*, W. W. Norton & Company, 1995.

20——*Ibid.*, 第二版ではパキスタンの事例が、第三版ではイラク、北朝鮮、イランが加えられている。

21——Kenneth N. Waltz, *Theory of International Politics*, McGraw-Hill, 1979. p.122.

22——いうまでもなく、核戦略はまず何より、米ソの冷戦をかたちづくるものとして生まれ、アメリカの独占状態が崩れたとき、本当の意味での戦略が必要になったといえる。それは激しい技術開発競争、スパイ合戦、プロパガンダ戦、外交的駆け引きを含んだ「もうひとつの戦争」であり、初期には核兵器による限定戦争論すらあったが、やがて相互確証破壊（MAD）に逢着し、さらにはデタントを生み出した。中位国の核戦略は、こうした圧倒的な物量を背景とした世界戦略のなかで、いかに自国の独立性を高めるかという試みといえる。

23——John J. Mearsheimer, *The Tragedy of Great Power Politics*, W. W. Norton & Co. Inc., 2012. p.413. 本文ではミルトン・フリードマンの『実証主義的経済学』の仮説による推論を問題視している。p.30. 注記ではウォルツの主著の三カ所ほど参照を勧めている。フリードマンについては東谷『経済学者の栄光と敗北』朝日新書　二〇一三年　第七章。

24——Scott D. Sagan and Kenneth N. Waltz, *op. cit.* 2nd. ed.

25——Scott D. Sagan, "How to Keep the Bomb From Iran," *Foreign Affairs*, September 1,2006.

26——Kenneth N. Waltz, "Why Iran Should Get the Bomb," *Foreign Affairs*, June 15, 2012.

27——Vipin Narang, *Nuclear Strategy in the Modern Era: Regional Powers and International Conflict*, Princeton University Press, 2014. p.28. なお、Gideon Rose, "Neoclassical Realism and Theories of Foreign Policy," *World Politics*, Vol. 51 (October 1998), pp. 144-172. を参照。ローズによれば、「国際政治は国内と国外の両方に影響を受けるので、自律した領域を形成することはできない。したがって、私たちは国際政治に純粋な理論的説明を求めるべきではないのである」一四五頁

28——*Ibid.*, pp.15-20.

29——Vipin Narang, "Posturing for Peace?," *International Security*, Vol. 34. (Winter 2009/10), pp. 38-78.

30——Narang, *op. cit.* p.62.

31——*Ibid.*, p.77.

32——*Ibid.*, p.200.

33——*Ibid.*, p.225.

第九章

1——たとえば、河津幸英『戦場のIT革命　湾岸戦争データファイル』アリアドネ企画　三修社　二〇〇一年　には次のような文章が見られる。「結論を言えば、湾岸戦争は、ハイテク戦争という強いイメージにもかかわらず、第二次世界大戦に代表される物量主義型、あるいはマスプロ型世界戦争の最後の戦争で、その終焉を人類に告げた

といえよう」(四頁)。また、鳥井順『軍事分析　湾岸戦争』第三書館　一九九四年　もまた「陸戦におけるハイテク兵器の比重が高くなりつつある傾向は認められるが、現在のところそれが戦勢を決定的に変更させるものとは思われない」(四九三〜四九四頁)

2——Francis Fukuyama, *America at the Crossroads: Democracy, Power, and the Neoconservative Legacy*, Yale University Press, 2007. p.xi. p.191.

3——Niall Ferguson, *Colossus: The Rise and Fall of the American Empire*, Penguin Books, 2004. pp. 208-209.

4——たとえば、中村好寿『軍事革命（RMA）〈情報〉が戦争を変える』中公新書　二〇〇一年

5——マクレガー・ノックス、ウィリアムソン・マーレー編著『軍事革命とRMAの戦略史　世界革命の史的変遷1300〜2050年』今村伸哉訳　芙蓉書房出版　二〇〇四年　二八二頁

6——同、八頁

7——同、一一頁、一八頁

8——いわゆる保守系の若手論者が多かったのは奇妙な現象といえた。なぜなら、洋の東西を問わず、保守思想が最も嫌うものは、科学が決定的だとする科学主義だからである。

9——ニッコロ・マキアヴェッリ『君主論』池田廉訳　『世界の名著16』中央公論社　一九六六年　九〇〜一〇一頁

10——佐々木毅『マキアヴェッリの政治思想』岩波書店　一九七〇年　「政治理論と軍事理論のこの鋭い矛盾対立」一三七頁。この議論に対して、政治学会において批判したのが、後にコミュニタリアンを高く評価した藤原保信だった。藤原の教科書『西洋政治理論史』早稲田大学出版部　一九八五年　には、その痕跡が残っている。「しかし私見によれば、傭兵制に代るその自国軍の主張や共和国の擁護そのものがむしろマキアヴェリの政治理論の本質的——そして原理的ともいうべき——側面を表現している」一九四頁。ちなみに、佐々木氏は精密な文献分析を行って、マキアヴェッリに共和思想（リパブニカニズム）は影響を与えていないとしたが、佐々木氏の本が出た同じ年に刊行された、ポーコックの『マキャヴェリアン・モーメント』は、マキアヴェッリこそリパブリカニズムの継承者であるとして、この説が世界的な趨勢となった。

11——Edward N. Luttwak, *Strategy: The Logic of War and Peace*, Revised and Enlarged Edition, The Belknap

Press of Harvard University Press, 2001. p.4.

12——カール・フォン・クラウゼヴィッツ『戦争論（上）』清水多吉訳　中公文庫　三四頁、また四二二頁

13——なだいなだ『人間　この非人間的なもの』筑摩書房　一九七二年 五四頁

14——Edward N. Luttwak, "Toward Post-Heroic Warfare," *Foreign Affairs*, May 1, 1995.

15——Edward N. Luttwak, "Where Are the Great Powers? At Home with the Kids," *Foreign Affairs*, July/August, 1995.

16——Edward N. Luttwak, " 'Post-Heroic Warfare' and Its Implications," Center for Strategic and International Studies, 1999.

17——*Ibid.*,

18——Colin S. Gray, *Strategy for Chaos: Revolutions in Military Affairs and the Evidence of History*, Routledge, 2002. p.20.

19——*Ibid.*,p.8.

20——Colin S. Gray, *Modern Strategy*, Oxford University Press, 1999. pp.103-104. この前後でグレイは、クラウゼヴィッツの『戦争論』は「敵」について分析することを推奨する点で弱いことを指摘している。

21——Colin S. Gray, *Strategy for Chaos, op. cit.* pp.138-140.

22——*Ibid.*,p.141.

23——*Ibid.*,p.150.

24——*Ibid.*,p. 175.

25——*Ibid.*,p.222.

26——*Ibid.*,p.222.

27——*Ibid.*,p.222.

28——ヨーゼフ・A・シュムペーター『経済発展の理論（上）』塩野谷祐一・中山伊知郎・東畑精一訳　一九七七年　岩波文庫　「第2章　経済発展の根本現象」を参照。

29——Gray, *op. cit.* p.279.

第十章

1――この節は『正論』二〇一六年五月号に掲載されたエッセイを元にしている。

2――"Transcript: Donald Trump Expounds on His Foreign Policy Views," *The New York Times*, March 26, 2016.

3――Stephen M. Walt, *Taming American Power: The Global Response to U. S. Primacy*, W. W. Norton & Company, 2005. pp.240-243.

4――John J. Mearsheimer, *The Tragedy of Great Power Politics*, W. W. Norton & Co. Inc., 2012. Chapter 5 and Chapter 8.

5――Christopher Layne, *The Peace of Illusion,: American Grand Strategy from 1940 to the Present*, Cornell University Press, 2006. p.190.

6――「米国人の7割が日本を信頼、経済では中国の方を重視…日米世論調査7つのポイント」*New Sphere*,2015年4月9日 http://newsphere.jp/national/20150409-1/

7――『共同防衛に対する同盟国の貢献に関する報告』米国国防省報告書

8――東谷暁『不毛な憲法論議』朝日新書　二〇一四年　第八章を参照。

9――最初から結論は、「日米安全保障条約を維持して、軍事的には軍備の増強はあっても、日本からは核武装については言い出さない。経済力と技術力を用いて、総合力による防衛力を高める」という、実際には戦後、何の変更もなく続いてきた「戦略」が唱えられるだけのことである。それを正当化するために、現実無視の「平和主義」でなければ、自然法則もどきの「地政学」が唱えられるか、いかにも科学的なシステム論とかによる「覇権国家遷移論」が提示される。結局は「同じ穴のムジナ」なのである。

10――高坂正堯『海洋国家日本の構想』、『高坂正堯著作集　第1巻』高坂正堯著作集刊行会　都市出版　一九九八年　一五三頁

11――桃井真『戦略（グランドデザイン）なき国家は、挫折する』カッパ・ビジネス　一九八四年　二〇〇頁

12――こうした言論状況は、いわゆる保守派のなかでは「冷戦」が継続しているからとされていたが、冷戦が終わってからもまったく変わらない。最近では、ＧＨＱの言論統制のためと論じられるが、七〇年間も経過したのだから、現在の世代の責任である。ということは、日本が冷戦に参加していたから、自国のグランド・ストラテジーについい

て論じることに慎重だったのではなく、たんにそのモラル（精神）が失せていたのではないのか。

13――Mark Fitzpatrick, *Asia's Latent Nuclear Powers: Japan, South Korea and Taiwan*, The International Institute for Strategic Studies, Routledge, 2016.

14――*Ibid.*, Kindle ed.,No.1358.

15――*Ibid.*, Kindle ed.,No.1378-1384.

16――フィッツパトリックは、日本の有名な政治家の発言や「失言」を並べて、日本の政治家には常に核武装への潜在的な意欲があるかのように示唆している。フィッツパトリックが「核不拡散」の専門家であるため、そうした発言や失言だけを集めたとするには、あまりに多くの人間が保有可能性について語っている。これは核保有が日本人にとってはタブー視されていながら、戦略論レベルでの議論では、その可能性が否定できないからと考えるべきではないのか。

17――東谷、前出、第二章を参照。

18――最近、五兆円を上回ったと大々的に報じられたが、シェアで言えば世界第九位にすぎず、この十数年の急速な下落ぶりは、むしろ将来への不安を生み出すものである。

19――岡崎久彦『二十一世紀をいかに生き抜くか』ＰＨＰ研究所　二〇一二年　八九〜九〇頁

20――同、二一三頁　なお、岡崎久彦『日本外交の情報戦略』ＰＨＰ新書　二〇〇三年　この本には、アメリカの情報だけでいいと主張した論者が、自らの主張に従って行動した結果、どのような思想を抱くようになったかの結果が、自らの筆で記載されている。

21――東谷暁「9・11後の『情報』空間　ふたたび考える―日本人にとって戦略的思考とは何か」『別冊正論』5号　扶桑社　二〇〇七年一月刊

22――ここでも、Mark M. Lowenthal, *Intelligence: From Secrets to Policy 3nd ed.*, CQ Press, 2006. pp.118-119. なお、この部分ではミラー・イメージの他にも、情報を収集する対象にべったりと密着しすぎて同一化してしまうクライアンティズム、ある分析での判断・仮定を、他の分野にそのまま応用するレイヤリングなども、情報関係者の失敗の原因とされている。こうしてみると、精神分析などでいうプロジェクション、イントロジェクション、アイデンティフィケーションなどの「防衛機制」に近い現象が、インテリジェンスの現場ではしばしば起こるということなのである。

23——Tim Harford, "Big data: are we making a big mistake?," *Financial Times*, March 28, 2014.

24——中山健夫監修、21世紀医療フォーラム編『医療ビッグデータがもたらす社会変革』日経BP社 「データは、あくまでも意思決定の際の1つの判断材料にすぎない。ましてや表面上の相関関係だけに目を奪われ、その背景に潜む因果関係を見過ごしてしまえば、取り返しの付かないミスを犯す恐れがある」キンドル版 No.28

25——Matthew M. Aid, *The Secret Sentry,: The Untold History of The National Security Agency*, Bloomsbury Press, 2009. p.192.

26——*Ibid.*,p.214.

27——Lowenthal, *op. cit.* p.275.

28——小谷賢『インテリジェンスの世界史』岩波現代全書 二〇一五年 一七八頁

29——井上達夫「挑発的！9条論 削除して自己欺瞞を乗り越えよ」『論座』二〇〇五年六月号、井上『リベラルのことは嫌いでも、リベラリズムは嫌いにならないでください——井上達夫の法哲学入門』毎日新聞出版 二〇一五年 井上氏は九条を削除するだけでなく、徴兵に応じる国民の義務も課すべきだと述べている。もちろん、それは決してアメリカの言いなりになれと述べているわけではなく、井上氏の法哲学の論理的帰結である。

30——Henry Kissinger, *World Order: Reflections on the Character of Nations and the Course of History*, Penguin, 2015. とくに、Conclusion: World Order in Our Time?

31——フォルトナには歴史と地理が含まれ、ヴィルトゥには国民のモラル（精神）が含まれる。つまり、すべてはクラウゼヴィッツが『戦争論』で提示した要素であり、コリン・グレイが『現代の戦略』で重視した位相である。

エピローグ

1——Colin S. Gray, *Modern Strategy*, Oxford University Press, 1999. p.98. なお、グレイが引用しているのは、クラウゼヴィッツ『戦争論（下）』中公文庫 四七二頁。また、同『戦争論（上）』一七四～一七六頁も参照。

2——東谷暁「『改革』を掲げた政治学者盛衰二〇年史」『文藝春秋』二〇一〇年二月号

3——東谷暁『エコノミストは信用できるか』文春新書 二〇〇三年 とくに、第一章と第二章

4——東谷暁『不毛な憲法論議』朝日新書 二〇一四年 とくに、第二章と第五章

5——Colin S. Gray, *Strategy and Politics*, Routledge, 2016. p.14.

6――マクレガー・ノックス、ウィリアムソン・マーレー『軍事革命とRMAの戦略史　軍事革命の史的変遷　1300～2050年』芙蓉書房出版　二〇〇四年　二七〇頁　興味深いのは、こう述べた後にわざわざ「作戦と戦術・戦法の誤りは修正することができるが、政策と戦略の誤りは修正することはできない」と、「命題」を繰り返していることだ。

7――サミュエル・ハンチントン「孤独な超大国」『文明の衝突と21世紀の日本』鈴木主税訳　集英社新書　二〇〇〇年に所収。第一章でも引いておいたが、ここでハンチントンが論じたのは、冷戦に勝利してもアメリカには世界を単極で支配する力はないゆえ、単極―多極の構造を前提とすべきだということだった。その後の最大の変化は中国の台頭だが、それでも、なお単極―多極の構造は成立している。東アジアのバランス・オブ・パワーは地域的なバランスを、アメリカをオフショア・バランシング的に介入させることで維持するのが妥当だというのは変わりない。問題はこれからの日本の存在感とその役割なのである。

8――高坂正堯『古典外交の成熟と崩壊』中央公論社　一九七八年　第一章

あとがき

日本で外交や軍事が論じられるさいには、常にどこかにこわばりのようなものがあると感じてきた。それは、平和主義を掲げて最初から軍事については語ろうとしない論者だけでなく、しばしばタカ派と呼ばれるような評論家においても同じなのである。

たまたま私は、経済問題についてのレポートでライターとしての経歴を開始したので、政治については書く機会が少なかった。私の政治についての関心を知っている編集者がいて、政治改革の倒錯や軍事問題のタブーといったテーマで書かせてくれることもあったが、それはきわめてまれなことだった。

それでも、二十年近くさまざまな雑誌に書いていると、政治テーマの文章がかなりの分量になる。編集者に単行本の案を乞われたさいに、レジメを作って渡すこともあった。しかし、それが何らかの出版物となって実現することは例外を除いてほとんどなかった。

ところが、筑摩書房におられた湯原法史さんから、「以前、ご提案いただいたテーマは、やはり欠かせない作業ではありませんか」とのお手紙をいただいた。私の提案とは、日本において外交や軍事を語る論者にみられる屈折を、トピックごとに分析する本のプランだった。レジメをお渡ししたのは、六、七年前のことだったので、正直いって驚いた。

さっそく、それまで書いた原稿を読み直してみたが、テーマ自体は依然として生きているものの、事件や事例がやや古くなっている。そこで新たに稿を起こすことにしたが、当然のことながら、たんに事件や事例を取り換えるだけではすまなかった。また、対象読者の年代の人たちと話をしてみると、軍事や戦略については基本概念もあまり知らない人が多いのである。

作業は遅れて第一稿の完成が、湯原さんが退社される日に間に合わず、せっかくのご厚意も無に帰してしまうのかと消沈したが、ありがたいことに湯原さんは筑摩書房の後輩である石島裕之さんを紹介してくださった。この本が日の目を見たのは、こうした湯原さんのご配慮と、引き継いでくださった石島さんの雅量のおかげといえる。お二人に感謝したい。

軍事について関心を持ち続けたのは、軍事について語ることを忌避する雰囲気に反発する気持ちがあったからである。「総合力」「文化力」「ソフト・パワー」などを論じれば、軍事を真剣に議論しなくとも、日本の戦略について語れると高をくくっている論者たちの欺瞞が何より嫌だった。その嫌悪がどこからくるのか、整合性のある議論として提示したかった。

最後に評論家の西部邁先生と国際政治アナリストの伊藤貫氏に御礼を申し上げたい。お二人からは「なんだ、まだ肝心のことが分かっていないじゃないか」とお叱りをいただくかもしれないが、このテーマでたとえ少数派でもひるまずに議論を続ける気力を得たのは、お二人の毅然とした言論活動の姿勢からだった。

二〇一六年六月二〇日

東谷 暁

東谷暁（ひがしたに・さとし）

一九五三年、山形県生まれ。早稲田大学政治経済学部卒業後、雑誌編集者に。ビジネス誌や論壇誌『発言者』の編集長を歴任し、九七年よりフリーのジャーナリストとなる。鋭い洞察に裏づけられた論文やリポートを数多く発表。著書に『エコノミストは信用できるか』（文春新書）、『増補　民営化という虚妄』（ちくま文庫）、『間違いだらけのＴＰＰ』『経済学者の栄光と敗北』（以上、朝日新書）など多数。

筑摩選書　0134

戦略的思考《せんりゃくてきしこう》の虚妄《きょもう》　なぜ従属国家《じゅうぞくこっか》から抜《ぬ》け出《だ》せないのか

二〇一六年七月一五日　初版第一刷発行

著者　東谷暁《ひがしたにさとし》

発行者　山野浩一

発行所　株式会社筑摩書房
東京都台東区蔵前二‐五‐三　郵便番号　一一一‐八七五五
振替　〇〇一六〇‐八‐四一二三

装幀者　神田昇和

印刷 製本　中央精版印刷株式会社

乱丁・落丁本の場合は左記宛にご送付ください。

送料小社負担でお取り替えいたします。

ご注文、お問い合わせも左記へお願いいたします。

筑摩書房サービスセンター
さいたま市北区櫛引町二‐六〇四　〒三三一‐八五〇七　電話　〇四八‐六五一‐〇〇五三

ISBN978-4-480-01643-0 C0331

筑摩選書 0054

世界正義論

井上達夫

超大国による「正義」の濫用、世界的な規模で広がりゆく貧富の格差……。こうした中にあって「グローバルな正義」の可能性を原理的に追究する政治哲学の書。

筑摩選書 0070

社会心理学講義
〈閉ざされた社会〉と〈開かれた社会〉

小坂井敏晶

社会心理学とはどのような学問なのか。本書では、社会を支える「同一性と変化」の原理を軸にこの学の発想と意義を伝える。人間理解への示唆に満ちた渾身の講義。

筑摩選書 0108

希望の思想 プラグマティズム入門

大賀祐樹

暫定的で可謬的な「正しさ」を肯定し、誰もが共生できる社会構想を切り拓くプラグマティズム。デューイ、ローティらの軌跡を辿り直し、現代的意義を明らかにする。

筑摩選書 0117

戦後思想の「巨人」たち
「未来の他者」はどこにいるか

高澤秀次

「戦争と革命」という二〇世紀的な主題は「テロリズムとグローバリズムへの対抗運動」として再帰しつつある。「未来の他者」をキーワードに継続と変化を再考する。

筑摩選書 0119

民を殺す国・日本
足尾鉱毒事件からフクシマへ

大庭 健

フクシマも足尾鉱毒事件も、この国の「構造的な無責任」体制＝国家教によってもたらされた――。その乗り越えには何が必要なのか。倫理学者による迫真の書！

筑摩選書 0127

分断社会を終わらせる
「だれもが受益者」という財政戦略

井手英策 古市将人
宮崎雅人

所得・世代・性別・地域間の対立が激化し、分断化が進む現代日本。なぜか？ どうすればいいのか？ 「救済」から「必要」へと政治理念の変革を訴える希望の書。